지구를 지키는
패셔니스타

지구를 지키는 패셔니스타

2024년 7월 9일 초판 1쇄 발행

| 글 | 안선모 |
| 그림 | 주성희 |

책임편집	신혜연
디자인	박정화, 김다솜
마케팅	김선민
관리	장수댁
인쇄	정우피앤피
제책	바다제책

| 펴낸이 | 김완중 |
| 펴낸곳 | 내일을여는책 |

출판등록	1993년 01월 06일(등록번호 제475-9301)
주소	전라북도 장수군 장수읍 송학로 93-9(19호)
전화	(063) 353-2289
팩스	0303-3440-2289
전자우편	wan-doll@hanmail.net
블로그	blog.naver.com/dddoll
ISBN	978-89-7746-884-9 73810

ⓒ 안선모·주성희, 2024

*이 책의 내용은 저작권법의 보호를 받는 저작물이므로 무단전재와 복제를 금합니다.
*잘못 만들어진 책은 구입처에서 바꿔 드립니다.
*책값은 뒤표지에 있습니다.

어린이제품안전특별법에 의한 제품표시
제조자명 내일을여는책 **제조국명** 대한민국 **사용연령** 만 8세 이상 어린이 제품

지구를 지키는 패셔니스타

안선모 글 | 주성희 그림

내일을여는책

 작가의 말

 이 글을 읽는 어린이 여러분, 혹시 '패스트 패션'과 '슬로 패션'이라는 말 들어본 적 있나요? 처음 들어보는 사람도 있을 것이고, 어디선가 들어본 사람도 있을 거예요. '패스트 푸드', '슬로 푸드'라는 말을 떠올려보면 이해가 쉬울 거예요. 빠르게 만들고 빠르게 버리는 옷이 '패스트 패션'이라면 느리게 만들어서 오래 입는 옷이 '슬로 패션'이지요.

 제가 아는 한 화가는 오래전 미국에 갔을 때 오리털 파카 한 벌이 1.5달러에 팔리는 것을 보고 충격을 받았다고 했어요. 그 옷과 가격표에 숨어 있는 동물 학대, 개발도상국 여성과 어린 노동자들의 착취를 절감했기 때문이었지요. 그때부터 옷을 함부로 사지 않기로 결심했다고 했어요. 그랬던 그 화가가 어느 겨울날, 멋진 코트를 입고 나타난 거예요. 사람들이 너도나도 말했어요.

"와, 멋있어요. 이거 유명한 그 제품이지요?"

"역시 메이커 옷을 입으니까 멋지네요. 패션모델 같아요."

그랬더니 그 화가는 빙그레 웃으며 대답했어요.

"이거 헌 옷 매장에서 만 원 주고 샀어요."

모두들 충격을 받은 듯 한참 동안 멍하니 서로 마주 보았지요. 지금도 그 화가는 옛날에 산 옷, 주변에서 주는 옷, 할머니와 어머니에게 물려받은 옷 등을 입고 다니는데 늘 당당하고 멋집니다. 신념을 지키며 사는 그녀의 모습에 감동하며 저는, 문득 저를 돌아보았어요.

"도대체 입을 옷이 없어."

옷장 안에 빽빽이 걸려 있는 옷들을 보며 제가 자주 했던 말입니다. 옷장을 가득 채운 옷을 보고 왜 입을 옷이 없다고 한 것일까요? 가만 생각해 보니 그건 유행 때문이었던 것 같아요. 유행을 따라야 시대에 뒤지지 않는 사람이고, 예쁘고 화려한 옷을 입어야 나 자신이 돋보인다고 생각했던 것 같아요. 하지만 그런 시대는 지나갔어요. 지금은 자신에게 어울리는 옷을 천천히 고르고 오래 입어야 진정한 패셔니스타가 되는 것 아닐까요?

이 책을 통해 저는 기후 위기 시대에 슬기롭게 대처하는 아이들의 모습을 그리고 싶었어요. 평범한 소녀 유리가 최고의 멋쟁이 아린이와 구석기 시대라는 별명을 가진 다온이 사이에서 갈팡질팡하다가 마침내 심지 곧은 아이로 성장하는 모습을 보고 싶었거든요.

그러면 이제 우당탕탕 개성 만점 주인공들을 만나러 떠나 볼까요? 그들과 함께 투닥투닥 시끌시끌 웃고 떠들고 토라지고 공감하다 보면 어느새 멋진 패셔니스타가 되어 있지 않을까요?

2024년 특별한 여름날

안선모

| 차례 |

작가의 말　　　　　　　　　　　6

그 아이가 눈에 보인 날　　　　　12

이상하고 아름다운 도깨비 나라　26

구석기 시대 아이　　　　　　　40

전학생 송이도　　　　　　　　　52

빈티지 체육복　　　　　　　　　67

고쳐입다연구소　　　　　　　　78

손님　　　　　　　　　　　　　89

이야기를 품은 옷　　　　　　　101

나비효과　　　　　　　　　　　110

그 아이가 눈에 보인 날

알람 소리에 벌떡 일어났다. 오늘은 엄마가 새벽시장에 물건 떼러 가는 날이다. 깨워주는 사람이 없는 날엔 신기하게도 알람 소리가 잘 들린다. 엄마가 보낸 톡이 와 있었다.

> 사랑하는 딸^^
> 오늘 기온이 영하로 내려갔어. 패딩 입고 가. 식탁에 차려놓은 밥 꼭 챙겨 먹고.♥♥♥

하트가 세 개나 붙어 있다. 미안한 일이 있을 때마다 엄마의 하트 수는 늘어난다. 미안해하지 않아도 되는데……. 톡을 확인하고 거실로 나갔다. 거실 유리창으로 희끗희끗 날리는 눈발이 보였다. 회색 아파트 사이로 하얀 나비 떼가 날아다니는 것 같다. 못 보던 패딩이 소파 위에 가지런히 놓여 있다.

"우아, 연예인들만 입는다는 패딩이다!"

유행하는 옷을 남들보다 빨리 입을 수 있는 것은 지하상가에서 꽃 가게를 하는 엄마 덕분이다. 유행하는 옷이 나왔다 하면 엄마는 재빨리 구입하여 나에게 입힌다.

아침밥도 먹는 둥 마는 둥 들뜬 마음으로 학교에 갔다. 교문 앞에서 영서를 만났다.

"너 옷 새로 샀구나! 그거 요즘 연예인들 사이에서 핫한 옷인데."

"으응, 고마워."

나는 영서에게 의례적인 인사를 건넨 뒤 교실로 들어갔다. 몇몇 아이들이 내 자리로 몰려왔다.

"이거 요즘 유행하는 옷 맞지?"

"부럽다."

그런데 나를 둘러쌌던 아이들이 1분도 되지 않아 교실 뒷문 쪽으로 우르르 몰려갔다. 우리 반 최고의 멋쟁이 이아린이 등장한 것이다. 아린이는 나를 쓱 보더니 못마땅한 표정을 지었다. 아린이 옆에 착 붙어있는 영서가 속닥거렸다.

"아린아, 네 옷이랑 홍유리 옷이랑 똑같아."

그랬다. 정말 그랬다. 색깔만 다르고 디자인이 똑같았다.

아린이가 불쾌한 표정으로 나에게 다가왔다.

"그럴 리가! 이 옷은 우리 엄마가 직구한 건데! 우리나라에는 없다고 했는데."

아린이는 내 허락도 없이 내 옷을 샅샅이 뜯어보았다. 처음에는 지퍼를 살펴보더니 옷감을 손으로 쓱 문질러 보았다. 마지막으로 목 뒤에 있는 상표를 확인했다.

"이거 짝퉁이네."

어느새 달려온 영서가 눈을 동그랗게 떴다.

"그래? 어쩐지 좀 이상하다 했어."

이럴 땐 아린이보다 옆에서 거드는 영서가 더 얄밉다. 나는 벌떡 일어나 영서에게 눈을 흘겼다. 그러자 아린이가 상표를 쑥 잡아당겼다. 순간 나는 휘청거렸다.

"이것 좀 봐. 내 옷 상표랑 글자 하나가 다르잖아."

아린이가 의기양양하게 말하자, 영서가 손뼉을 짝 쳤다.

"대박! 눈 크게 뜨고 보지 않으면 완전 속을 뻔 했네."

"내가 입는 옷을 쟤가 입었다는 게 말이 되니?"

그러니까 시장에서 장사하는 쟤네 엄마가 직구 같은 걸 할 리가 없잖아. 그런 뜻이었다. 몇몇 아이들이 대놓고 웃었다. 아린이와 껌딱지처럼 붙어 다니는 영서, 보영이 그리고 혜수다. 얼굴이 화끈 달아올랐다.

'보나마나 홍당무처럼 빨개졌겠지.'

나는 멍하니 아린이를 쳐다보았다. 작년까지 절친이었던 아린이가 새 학년이 되고나서 나에게 북쪽 마녀처럼 대하는 이유를 모르겠다. '땅이 푹 꺼져서 흔적도 없이 사라져버렸으면 좋겠어.' 그런 생각을 하던 찰나 1교시 종이 울렸고 아이들이 썰물처럼 흩어져 자기 자리로 갔다. 그리곤 아무 일도 없었던 듯 시간이 흘렀다.

나는 공부를 거의 하지 못했다. 자꾸만 1교시 전의 일이 떠올랐다. 짝퉁이라면서 나를 비웃던 아린이의 얼굴, 그 곁에서 재밌는 구경거리라도 되는 듯 낄낄 웃던 아이들. 거기까지 생각하니 짝퉁 옷을 사 온 엄마가 원망스럽기까지 했다.

"홍유리, 정신이 딴 데 가 있네? 수업에 집중하자!"

결국 담임 선생님에게 지적까지 받았다. 새 학년 담임이 된 턱샘에게 공부 시간에 딴청 하는 아이로 보이기 싫었는데 그렇게 되고 말았다. 나는 턱샘이 마음에 들었다. 학년이 시작되던 첫날, 담임 선생님은 이렇게 말씀하셨다.

"아주 오래전부터 내 별명은 턱샘이었으니 너희들도 그렇게 부를 수 있는 영광을 주겠다. 보시다시피 내 매력 포인트는 바로 이 주걱턱이다."

그 말에 반 아이들 모두 얼마나 웃었는지.

'일 년이 참 재미있겠어. 아린이와 같은 반이 되었고 저렇게 유머 있는 샘도 만났으니.'

그런데 내 생각은 반은 맞았고 반은 틀렸다. 생각에 빠져 있던 나는 영서의 굵직한 목소리에 정신이 번쩍 났다.

"턱샘! 홍유리가 찔리는 게 있어서 저래요."

몇몇 아이들이 키득키득 웃었고, 턱샘은 눈을 동그랗게 떴다.

"찔리는 게 있다고?"

"예, 그런 게 있어요. 근데 샘은 몰라도 돼요."

영서의 말에 턱샘이 싱긋 웃으며 말했다.

"요 녀석들! 벌써부터 샘을 왕따 시키고 있는 건가?"

영서를 보면 꼭 일 년 전의 나를 보는 것 같다. 아린이 곁에

딱 붙어서 화장실도 같이 가고, 점심도 같이 먹고 사물함에서 아린이 책도 꺼내주고.

작년까지 나는 아린이와 꽤 친하게 지냈다. 처음 시작은 이랬다. 옷이 많은 아린이가 자기가 한 번도 입지 않은 비싼 옷이라면서 선물해 주면서부터였다. 그때 나는 얼마나 감격스러웠는지 흥분에 겨워 말했다.

"아린아, 뭐든지 나한테 부탁해. 내가 다 들어줄게."

그 말에 아린이가 자연스럽게 말했다.

"그럼, 내 책 좀 꺼내다 줄래?"

말이 끝나자마자 나는 교실 뒤편 사물함으로 달려가 아

린이 책을 꺼내왔다. 사
물함에서 책 꺼내다 주
는 건 어려운 일이 아니
었다. 그러다 보니 책
꺼내오는 일은 자연
스레 내 전담이 되
었다. 그런데 문제는

그게 아니었다. 어느 날 음악실에 수업하러 갔는데 갑자기 아린이가 "유리야, 내 책 안 갖고 왔어?" 그러는 것이었다. 나는 음악실 당번이어서 음악실에 미리 가서 문도 열어야했다.

"요즘 음악책 안 갖고 온 사람들이 있던데 일어나 봐."

음악 선생님의 화난 목소리에 아린이가 당당한 목소리로 말했다.

"내 책 안 갖고 온 거 네 잘못이니까 그 책 이리 줘."

그날 나는 책을 안 갖고 왔다고 선생님에게 꾸중을 들었다.

또 이런 일도 있었다. 리코더를 안 갖고 온 아린이가 리코더를 빌려달라는 것이었다. 내가 곤란한 표정을 짓자 아린이가 도리어 화를 냈다.

"내참 더러워서! 잠깐 빌려주는 게 뭐 그렇게 어렵다고!"

그러고 나서 내가 시무룩해 있으면 아린이는 언제 그랬냐는 듯 다정하게 말을 건네면서 자신의 옷을 선물했다. 내가 집에 옷을 갖고 올 때마다 엄마는 돌려주라고 했지만 나는 그렇게 하지 않았다. 돌려주기 아까웠다. 그리고 정말이지 꼭 입고 싶었던 옷이기도 했다. 그렇게 1학기가 지나고 2학기도 거의 끝나갈 무렵 문득 이런 생각이 들었다.

'아린이가 남한테 시키는 버릇은 고쳐야 할 것 같아. 아린이는 내 충고를 고깝게 여기지 않을 거야. 우린 절친이니까.'

나는 오랫동안 고민하다가 말했다.

"아린아, 이제 네 책은 네가 가져와. 어려운 일은 아니지만 그래도 네 일은 네가 하는 게 좋을 것 같아."

내 말을 들은 아린이가 불같이 화를 냈다.

"너는 나랑 가장 친한 친구라면서 그깟 쉬운 일도 못 해주냐? 나는 내가 가장 아끼는 옷도 줬는데."

반 친구들 앞에서 아린이는 눈물까지 흘렸다. 졸지에 나는 인정머리 없는 아이, 은혜를 모르는 아이, 친구를 배신한 아이가 되어 버렸다. 그런 일이 일어났지만 아린이와 또 같은 반이 되었을 때 정말 기뻤다. 아린이랑 오해를 풀고 다시 친해질 수 있는 기회를 얻은 것 같아서였다. 하지만 아린이는 나를 유령 취급했다. 마치 내가 보이지 않는 듯 나를 무시했다. 그리고 늘 내가 있던 아린이 옆에는 항상 영서가 있었다.

하루 종일 우울했다. 어떻게 5교시 수업이 끝났는지 모르겠다. 나는 패딩을 벗어 가방 속에 쑤셔 넣었다.

터덜터덜 집으로 걸어오는데 자박자박 발자국 소리가 들렸다. 뒤를 돌아보았더니 어떤 여자아이가 내 뒤에서 걸어오고 있었다. 그 아이가 걸음을 멈추고 나를 빤히 바라보았다. 낯은 익은데 누구인지 모르겠다.

"홍유리, 어깨 펴고 걸어."

그 아이가 내 이름을 말했다.

"너, 나 알아?

그 아이가 고개를 끄덕였다.

"어떻게?"

"같은 반이니까."

'아, 그런가? 근데 나는 왜 이 아이를 처음 본 것 같지?'

"내 이름은 구다온. 4분단 둘째 줄 복도 창가 쪽이 내 자리야. 눈에 잘 띄지 않아서 네가 모를 수도 있어. 그러니까 미안해하지 말라고."

그 아이가 아무렇지 않은 듯 말했다.

"근데 너 왜 계속 내 뒤를 따라와?"

그러자 그 아이, 구다온이 생긋 웃었다.

"아, 그렇게 오해할 수도 있겠구나. 나는 우리 집으로 가는 길인데?"

"우리 아파트에서 한 번도 못 봤는데?"

"난 거기 안 살고 바로 저 집에 살아."

그 아이가 낡은 2층 양옥을 가리켰다. 집은 오래되고 낡았지만 나무와 꽃이 많은 집. 그 집을 지날 때면 늘 새소리가 들렸다.

"옷을 그렇게 구박하지 마. 그 옷은 아무 잘못이 없잖아. 얼마나 슬퍼하겠어?"

가방 속에 아무렇게나 구겨 넣은 내 패딩을 보면서 다온이가 말했다. 픽 웃음이 나왔다. 옷이 마치 무슨 생명체인 듯 말하는 그 아이가 웃기기도 하고 신기하기도 했다.

"옷이 짝퉁일 뿐이지 너는 짝퉁이 아니잖아!"

묘하게 기분 나쁜 말이면서도 묘하게 기분 좋은 말이었다.

그날부터였다. 그 아이 구다온이 내 눈에 보인 것은.

이상하고 아름다운 도깨비 나라

며칠 전, 다온이와 함께 교문 쪽으로 걸어가다 아린이와 딱 마주친 적이 있다. 다온이네 집 대문 앞에서 다온이와 마주치면서 함께 등교를 하게 된 것이다. 아린이는 영서와 부반장이 된 보영이를 양옆에 끼고 천천히 걸어오고 있었다. 웬일로 아린이가 웃으며 다가왔다.

"홍유리, 너 쟤랑 언제부터 그렇게 친했어? 너 쟤랑 절친 된 거 맞지?"

그때 나는 긍정도 부정도 하지 않았다. 머릿속에 오만가지 생각이 떠올랐기 때문이다. '아린이가 나랑 다시 친해지고 싶은데 다온이가 옆에 있어서 망설이나? 아린이가 나랑 다온이 사이를 질투하나?' 하여튼 머릿속이 복잡했다.

　작년에는 거의 매일 아린이와 등교를 같이 했다. 주로 내가 아린이네 아파트 앞에서 기다리다 아린이가 나오면 같이 가는 식이었다. 어떤 때는 30분을 기다린 적도 있다. 너무 오래 기다리다가 그냥 혼자 갈까 생각한 적도 있었다. 그러면 아린이가 며칠 동안 못 본 척하거나 쌀쌀맞게 대할 것이다. 그래서 나는 꾹 참고 기다렸다. 옷도 잘 입고 얼굴도 예쁜 아린이는 어디서나 사람들의 시선을 받기 때문에 아린이와 같이 다니면 덩달아 나도 으쓱한 마음이 들곤 한다. 지금은 아린이 옆에 영서가 있지만 나는 곧 그 자리가 내 자리가 될 것이라 믿고 있다.

　그때 생각을 하면서 다온이와 마주치지 않으려고 다른 날보다 30분이나 일찍 집을 나왔다. 아린이에게 오해를 받기 싫었다. 아린이랑 다시 친해질 수 있다면 그 기회를 놓치고 싶지 않았다. 그런데 참 이상한 일이었다. 다온이네 집에 가까워지자, 나도 모르게 발길이 그쪽을 향했다.

　다온이네 집은 담이 낮았다. 누구든지 마음만 먹으면 봄꽃으로 가득한 뜰을 들여다 볼 수 있다.

　"어머나! 애들아, 은방울꽃이 피었어!"

뜰에서 여자 어른의 목소리가 들리더니 뒤이어 현관문이 벌컥 열렸다. 다온이가 맨 앞에 나오고 뒤이어 두 명의 여학생이 졸졸 따라 나왔다. 언젠가 다온이가 자기는 딸 부잣집 셋째라고 했던 말이 생각났다.

"꽃이 이렇게 작은데 향기는 장난이 아니야."

"근데 인터넷에서 보니까 은방울꽃이 번식이 장난이 아니래. 그래서 골칫거리라는데?"

"너무 많으면 필요한 사람들에게 나눠주면 되지."

세 자매의 두런거리는 소리가 들렸다.

"아이고, 우리 막내딸은 벌써 은방울꽃 나눔 할 생각에 신났구나!"

뚝뚝 꿀이 떨어질 듯한 다온이 엄마의 목소리도 들렸다.

'엄마랑 저렇게 다정하게 대화 나눈 적이 언제였지?'

일주일에 세 번 새벽 장을 보러 나가고, 장사 끝나면 피곤한 몸을 이끌고 집에 돌아오는 엄마와 학교 끝나면 늘 학원을 돌고 집에 들어가는 나. 저녁 늦게야 만나는 우리 모녀는 저렇게 오붓한 시간을 가져 본적이 없다. 아빠가 돌아가시기 전에는 그래도 나들이도 가고 외식도 자주 하고 그랬던 것 같은데.

부러운 마음에 나는 다온이와 다온이 엄마를 바라보았다.

"어, 유리 맞지?"

다온이가 담 너머에 멀뚱히 서 있는 나를 발견한 것이다.

"이렇게 일찍 학교 가려고? 교실에 아무도 없을 텐데?"

다온이의 말에 나는 아무 대답도 하지 못했다. 속으로만 이렇게 말했다.

'너랑 마주치지 않으려고 일찍 가는 건데 이렇게 또 만난 거야.'

다온이 엄마가 손짓을 했다.

"잠깐 들어왔다 가렴."

나는 쭈뼛쭈뼛 대문 안으로 들어섰다. 다온이와 등교를 함께 한 적은 있었지만 이렇게 대문 안까지 들어온 적은 처음이다. 연두색 나뭇잎과 꽃들로 가득한 뜰이 눈앞에 펼쳐졌다.

"와, 예쁘다."

감탄사가 절로 나왔다.

현관으로 들어선 순간 묘한 느낌에 또 한 번 놀랐다. 아파트와는 분위기가 완전 달랐다. 오래된 나무에서 풍기는 냄새와 박물관에서나 볼 수 있음직한 오래된 물건들, 천소파와 퀼

트 쿠션들, 마치 중세의 어느 나라로 들어온 느낌이었다.

"이 집은 사람으로 치면 여든 살도 더 먹은 할머니, 할아버지야."

"80년이 넘은 집이라고?"

나는 다온이 손에 이끌려 여기저기 집 구경을 했다. 공간마다 놓인 소품이나 물건들은 처음 보는 것이 많았다.

"저건 뭐야?"

안방을 가리키며 내가 말했다.

"응, 저거 재봉틀. 저 재봉틀의 나이는 아마 마흔몇 살쯤 됐을 걸? 할머니가 혼수로 해 가지고 오신 걸 엄마가 물려받았으니까. 저거로 엄마가 우리 옷도 만들고 커튼도 만들고 쿠션도 만들어. 우리 엄마는 마술 손을 가졌어."

나는 그제야 다온이가 입고 다니던 이상한 옷들이 떠올랐다. 독특하고 개성이 넘쳤던 옷들. "저런 옷은 도대체 어디서 사는 거지? 파는 옷 같지가 않아." 아이들이 숙덕거리기도 했다.

"나 있잖아. 이상하고 아름다운 도깨비 나라에 온 것 같아."

내 말에 다온이가 활짝 웃으며 말했다.

"맞아. 네가 정확히 봤어. 우리 집은 도깨비 나라야."

그때 2층에서 중학생 교복을 입은 언니와 짧은 머리에 전

봇대처럼 삐쩍 마른 언니가 내려왔다.

"큰언니, 짝언니! 아직 8시도 안 됐는데 학교 가는 거야?"

"오늘부터 당번이야."

교복 입은 언니가 말했고, 그 뒤에 전봇대 언니는 아무 말도 하지 않았다. 나는 어정쩡하게 선 채로 꾸벅 인사를 했다.

"안녕하세요?"

"어? 안녕?"

전봇대 언니가 고개를 들어 짧게 한 마디 했다.

"아, 네가 바로 유리구나. 다온이가 친구를 집에 데리고 온 적은 처음이야."

중학생 교복을 입은 언니가 상냥하게 말했다. 다온이가 데리고 온 게 아니고 그냥 어쩌다 들어오게 된 것이라고 말하고 싶었지만 두 언니가 바쁘게 현관 쪽으로 나가는 바람에 아무 말도 하지 못했다. 현관 앞에서 신발을 신다가 중학생 언니가 고개를 들어 나를 쳐다봤다.

"다온이가 친구 얘기는 별로 하지 않는데 유리 네 얘기는 몇 번 하더라. 그래서 어떤 아인가 궁금했어."

큰언니의 말이 끝나자 짝언니가 툭 말했다.

"미투!"

그러자 다온이가 생각났다는 듯 잽싸게 말했다.

"아, 내 정신 좀 봐. 소개를 안 했네. 여기 이 언니는 큰언니 구가온, 여기 이 언니는 짝언니 구나온. 그리고 얘는 내 친구 홍유리."

현관문을 나서던 짝언니가 홱 돌아서며 말했다.

"너! 언제까지 짝언니라고 부를 거야? 이제부터 작은언니라고 제대로 불러."

"그러고 싶은데 습관이 돼서 잘 안 고쳐져."

다온이가 두 언니와 이러저러 얘기를 나누고 있는 모습을 보니 다온이가 엄청 부러웠다.

두 언니가 나가자 다온이 엄마가 부엌에서 불렀다.

"다온아, 유리야! 아침 먹자."

그러고 보니 아까부터 고소한 냄새가 솔솔 풍겼다. 나는 아침을 거르고 가는 날이 많다. 입맛이 없는데다 주로 혼자 먹는 아침밥이 싫어서다. 갑자기 배에서 꼬르륵 소리가 났다. 다온이가 웃으며 나를 부엌으로 이끌었다. 부엌을 꽉 채운 8인용 식탁 위에 연두색 식탁보가 씌워져 있었다. 썰렁한 우리 집

25평 아파트 부엌에 놓인 초라한 2인용 식탁과는 비교할 수 없는 따뜻함이 느껴졌다.

"얼마 전까지 외할머니, 외할아버지랑 같이 살아서 완전 대가족이었거든. 지금은 시골로 내려가셨어. 한 달에 한 번 정도만 올라오셔."

그제야 부엌을 꽉 채운 대형 식탁이 이해가 되었다.

"엄마가 만든 감자 우유 수프는 최고야! 유리야, 얼른 먹어 봐."

감자 수프 위에 놓여 있는 연두색 완두콩이 입맛을 돋우었다. 나는 수프를 한 입 떠먹었다. 고소하고 싱그러운 맛이 입안을 감돌았다.

수프를 먹는 동안 다온이 엄마가 무언가를 들고 나왔다.

"다온아, 이 스웨터 기억나지?"

"큰언니, 짝언니가 입었던 스웨터 아닌가? 근데 색깔이 바뀌었네."

"유리야, 사실 이 옷의 역사를 말하자면 30년에 가깝단다. 내가 초등학교에 입학할 때 입었던 옷이거든."

"예? 옷을 그렇게 오래 입을 수 있단 말이에요?"

나는 믿을 수 없다는 듯 고개를 저었다.

현재

2년 전

"그럼! 충분히 입을 수 있지."

수프를 다 먹고 나서 다온이는 노란색 스웨터에 오른팔을 끼고 다시 왼팔을 끼워 넣었다. 스웨터는 다온이 몸에 딱 맞았다. 다온이 엄마가 흐뭇한 얼굴로 스웨터의 역사에 대해 자세히 설명해 주셨다.

"외할머니가 나에게 짜준 흰색 스웨터를 첫째 가온이가 물려받아 입다가 다시 둘째 나온이가 입었지. 오랜 시간이 흐르다 보니 색이 누렇게 변한 거야. 그래서 내가 스웨터를 풀어 노란색으로 염색을 한 후 다시 이렇게 짠 거지."

나는 너무 놀라 입을 다물 수가 없었다. 할머니, 엄마, 큰언니, 작은언니로 이어져 지금 다온이까지 전해져 온 스웨터가 신기하게 느껴졌다. 어떻게 옷을 그렇

4년 전

게 오랫동안 물려 입을 수 있는 건지. 또 어떻게 다온이 언니들이나 다온이는 불평 없이 입던 옷을 또 입을 수 있는 건지. 그런 것들이 내게는 이상한 일로 여겨졌다.

"엄마, 내가 입고 나서 더 이상 입을 수 없게 되면 그때는 어떻게 하지요?"

다온이의 질문이었다. 나도 그게 궁금했는데.

"누군가 물려받아 입겠지."

"누가요? 이렇게 오래된 옷을 누가 입을까요?"

나는 상상이 안 됐다. 그러자 다온이 엄마가 걱정 말라는 듯 두 팔을 휘휘 저었다.

"오래되어 낡았더라도 충분히 다시 태어날 수 있어. 다시 태어나 다른 사람에게 가면 되는 거지. 물론 모양이나 색깔이 변할 수도 있고, 때로 수명이 다하면 완전히 다른 형태로 다시 태어날 수도 있단다."

나는 그 말을 이해할 수 없었다. 그런 내 마음을 알아차렸는지 다온이가 말했다.

"언제 시간 될 때 우리 집에 놀러 와. 그러면 엄마의 신비한 마술을 구경할 수 있을 거야."

나는 여든 살도 넘은 집과, 이 집에 있는 사람들과 물건들에 자꾸만 호기심이 생겼다.

다온이와 학교로 향하는 길, 내 입에서 노래가 흘러나왔다.

이상하고 아름다운 도깨비 나라
방망이로 두들기면 무엇이 될까?
금 나와라 와라 뚝딱! 은 나와라 와라 뚝딱!

엄마가 자주 자장가로 불러주었던 노래다.
"너도 아는구나. 우리 할머니가 자주 불러주셨던 노랜데."
다온이는 가사를 바꿔 불렀다.

이상하고 아름다운 도깨비 나라
재봉틀을 돌~리면 무엇이 될까?
옷 나와라 와라 뚝딱! 가방 나와라 와라 뚝딱!

구석기 시대 아이

'어쩌면 다시 예전으로 돌아갈 수도 있을지 몰라.'

4월 청소담당구역 배정표를 보고 나는 은근히 기대했다. 아린이와 같이 학교 건물 앞쪽에 있는 수돗가 청소를 맡은 것이다. 열려 있는 수도꼭지를 잠근다거나 수돗가 주변 쓰레기를 처리하는 일이다. 한 달 동안 같이 청소하다 보면 뭔가 오해도 풀리고 옛날 사이로 돌아갈 수 있을지도 모른다고 생각했다. 그런데 일주일이 지난 오늘까지 아린이와 같이 청소한 적은 단 한 번도 없다. 내가 청소를 다 마치고 나면 그제야 아린이가 집게를 들고 나타난다. 미안한 기색은 하나도 없이 그때마다 이렇게 말하곤 한다.

"사실 이런 일은 혼자해도 되지 뭐."

그리고는 혼자 획 교실로 올라간다. 그런 일을 당할 때마다 속에서 천불이 올라오는 듯하다. 얼굴이 확확 달아오른다. 우리 사이가 달라질 것이라고 기대한 내가 잘못이었다.

오늘은 월요일이다. 월요일은 이상하게 쓰레기가 많이 나오는 날이다. 오늘따라 수돗가에 쓰레기가 많았다. 물총으로 사용된 플라스틱 마요네즈 튜브가 곳곳에 널려 있었다. 아마도 1학년의 물총놀이 수업이 있었는가 보다. 그걸 보며 한숨을 내쉬고 있는데 보건실 청소당번인 다온이가 나타났다.

"오늘은 보건실에 할 일이 없더라고. 여기 쓰레기 장난 아니다."

다온이가 널려 있는 튜브를 쓰레기봉투에 넣었다. 혼자 하면 오래 걸릴 일이었는데 둘이 하니까 빨리 끝났다.

"고마워, 다온아. 네가 도와주지 않았으면 한 시간도 더 걸렸을 거야."

청소를 다 마치고 다온이와 함께 터덜터덜 중앙현관 쪽으로 걸어갔다. 방과후 활동을 마친 1학년 꼬마들이 우르르 나타나 물총 쏠 준비를 했다.

"준비하시고, 발사!"

그때 아린이가 불쑥 현관 안에서 나왔다. 한 아이가 쏜 물총이 아린이 얼굴을 정통으로 맞혔다. 얼굴에서 흘러내린 물이 아린이의 분홍 재킷까지 흘러내렸다.

"악, 너희들 뭐야?"

"누나, 미안! 저기 저 화분에 맞힌다는 게."

물총을 쏜 아이가 중앙현관에 놓여 있는 커다란 고무나무를 가리켰다.

"에잇, 야! 너 이거 얼마나 비싼 옷인 줄 알아?"

그 말에 1학년 꼬마들이 슬금슬금 뒷걸음질 치더니 잽싸게 도망쳤다. 다온이가 아린이에게 달려가 손수건을 건넸다.

"이걸로 닦아."

아린이가 손수건을 받아들고 1층 화장실로 들어갔다. 잠시 후 아린이가 여전히 화가 잔뜩 난 얼굴로 화장실에서 나왔다.

"아린아, 내 손수건은?"

"손수건? 휴지통에 버렸는데? 그거 일회용 아니었어?"

"아닌데."

"난 일회용인 줄 알았지! 화장실 쓰레기통 가봐!"

그러면서 아린이가 교실을 향해 뛰어올라갔다. 다온이는 아린이를 멍하니 쳐다보았다. 나는 얼른 화장실로 달려가 쓰레기통에 처박힌 손수건을 꺼냈다.

"아니, 이건 예의가 아니지 않아? 빌려준 손수건을 쓰레기통에 버리는 애가 어디 있냐고! 고맙다는 말도 안 하고."

"괜찮아. 찾았으니까. 이거 할머니가 수놓은 손수건이거든. 내가 정말로 아끼는 손수건이야."

다온이는 아무 일 없었다는 듯 손수건을 깨끗이 빨아 꾹 짰다.

교실로 돌아오니 아린이는 아이들에게 둘러싸여 있었다.

"이거 엄청 비싼 재킷인데 재수 없게 물에 젖었어."

"어머 어머! 누가 그런 짓을?"

영서가 무슨 큰일이라도 난 듯 호들갑을 떨었다. 나는 아린이에게 성큼성큼 다가갔다.

"이아린, 구다온에게 사과해야 하는 거 아냐?"

내 말에 아이들이 서로의 얼굴을 쳐다보며 웅성거렸다. 감히 이아린에게 홍유리가? 이런 표정들이었다.

"1층 현관에서 1학년 꼬마가 쏜 물총에 아린이가 맞았거든. 그래서 다온이가 손수건을 빌려주었고. 근데 아린이가 그 손수건을 쓰레기통에 버렸어. 고맙다는 말 한마디도 없었고."

다온이가 다가와 내 손을 잡아당겼다.

"유리야, 괜찮아. 다시 찾았잖아."

"그 손수건, 다온이한테는 소중한 거야. 할머니가 수놓으신 손수건이었다고!

그러자 아린이가 어이없다는 듯 아이들을 뺑 둘러보더니 큰소리로 말했다.

"몰랐잖아! 일회용인 줄 알았다고! 그게 그렇게 잘못이야?"

아린이의 말에 주위를 둘러쌌던 아이들이 고개를 끄덕였다.

"모르면 그럴 수도 있지 뭐. 요즘 손수건 쓰는 사람이 없으니까. 주로 물티슈를 쓰지 누가 손수건을 쓰겠어."

부반장 보영이었다. 그러자 영서가 질 수 없다는 듯이 잽싸게 말했다.

"아린이가 알고 그랬겠어? 그걸 갖고 따지는 홍유리, 네가 더 이상하다 얘. 친구끼리 뭘 그런 걸 갖고 쪼잔하게 그래?"

영서의 말에 나는 졸지에 쪼잔한 아이가 돼 버렸다.

"에이, 오늘은 정말 짜증 나는 날이야. 새로 산 옷에 물총 세례 받고, 그깟 손수건 하나 때문에 무슨 죄인 취급 받고. 근데 지금

무슨 구석기 시대야? 구질구질하게 손수건이나 갖고 다니고!"

아린이의 말을 받아 영서가 즉석에서 랩을 만들어 불렀다.

우리 반에 살고 있는 구석기 시대 아이.

구질구질 손수건을 갖고 다니지.

구석기는 싫어! 불편하고 힘들어서 싫다구!

지금은 우주여행 가는 이십일 세기,

　　　구질구질 구석기는 노 땡큐! 고 어 웨이!

영서의 랩에 반 아이들이 재미있다는 듯 웃었다. 입으로 비트 박스를 넣거나 책상을 치면서 박자를 맞추는 남자아이들도 있었다. 웃지 않는 사람은 다온이와 나 둘뿐이었다.

교실을 나오는데 갑자기 화가 치밀어 올랐다.

"다온아, 넌 화도 안 나니? 손수건 빌려주고 도리어 조롱만 당하고!"

"뭐 친구끼리 그럴 수도 있지 뭐. 그냥 그러려니 해. 그나저나 별명이 또 하나 생겼네. 구석기 시대 아이."

"구다온, 넌 정말 이해할 수 없는 애야. 속이 넓은 건지 속이 없는 건지."

나는 어이가 없다는 듯 다온이를 바라보았다.

그다음 날이었다. 아린이가 다가오더니 귓속말을 했다.

"조금만 더 기다리면 내가 너 용서하고 우리 옷잘아 클럽에 넣어주려고 했는데."

나는 늘 아린이와 다시 친해지길 원했다. 그런데 이건 아니다. 용서는 무언가를 잘못했을 때 쓸 수 있는 말이다. 나는 잘못한 게 없다. 갑자기 속에서 아린이에 대한 분노가 일었다.

"네가 나를 용서한다고? 내가 뭘 잘못했다고? 솔직히 말하자면 잘못은 네가 했지!"

"홍유리, 너 많이 컸다. 바락바락 대들기도 하고. 작년까지 내 심부름꾼이었잖아, 너!"

"그랬지. 근데 지금은 아냐! 앞으로도 절대 그런 일은 없을 거야."

내 말에 아린이가 조금 충격을 먹은 표정을 지었다. 그러자 어느 틈에 다가온 영서가 거들었다.

"아린아, 너 홍유리 버렸다고 했잖아! 그러니까 열 내지마. 정신 건강에 안 좋아."

나는 영서를 획 째려보고 아린이를 획 째려보았다. 아린이에게 잘 보이려고 애썼던 이유가 뭐였을까? 아린이가 가끔 인심 쓰듯 주는 옷 때문이었나? 어쨌든 얼굴도 예쁘고 옷도 잘 입는 아린이와 친구로 지낼 때는 아이들이 부러운 눈길로 쳐다보았다. 그 짜릿한 맛을 누리고 싶었겠지.

'얘는 변한 게 하나도 없다. 자기만 아는 괴물.'

영서는 아린이 비위를 꽤나 잘 맞추고 있다. 그렇게 해서 영서는 종종 아린이에게 옷을 비롯한 여러 가지를 선물 받는

듯했다. 영서는 아린이를 위해 만들었다는 '매일매일 다른 옷'이라는 랩을 읊조렸다.

　　월요일은 월래 멋지게 입는 날
　　화요일은 화려하게 화끈하게 입는 날
　　수요일은 수수하지만 개성이 넘치게 입는 날
　　목요일은 목 빠지게 바라보도록 입는 날
　　금요일은 금은보화보다 더 빛나게 입는 날

영서의 랩에 아린이의 얼굴이 풀어졌다. 영서와 보영이, 혜수, 아린이가 만든 옷잘아 클럽 아이들이 아린이에게 위로의 말을 건넸다.
"아린아, 홍유리한테 신경 꺼."
"구석기도 무시하고."
나는 순간 화가 났지만 꾹 참았다. 다온이가 나를 향해 눈을 끔쩍끔쩍했다. 흥분하지 말고 마음을 가라앉히라는 뜻이었다.

전학생 송이도

황사가 계속되자 운동장에서 축구를 못하게 된 남자아이들이 창밖을 보며 한숨을 지었다.

"날씨가 뭐 이래? 오늘도 운동장에 나가기 힘들겠는데?"

"그러게 말이야. 언제쯤 축구할 수 있을까?"

"내일은 좀 나아질 거라니까 희망을 가져."

그때 교무실에 심부름 갔던 반장 이우주가 헐레벌떡 뛰어왔다.

"얘들아! 좋은 소식 있어! 우리 반에 전학생이 올 거래."

반장의 말에 교실 안이 술렁거렸다.

"여자야, 남자야?"

남자아이들은 축구를 하려면 반드시 남자아이가 와야 한다며 열변을 토했고, 여자아이들은 피구를 하려면 여자아이가 와야 한다고 목소리를 높였다.

"그것까지는 모르겠어. 교무실에서 선생님들이 말씀하시는 것 들었어."

"누가 오든지 우리 반은 대환영!"

웃기는 소리를 잘 해서 아이들에게 인기가 많은 현수가 말했다. 동감이라는 듯 아이들이 손뼉을 쳤다.

잠시 후, 교실 앞문이 열리더니 턱쌤이 싱글벙글 웃으며 들어오셨다. 그 뒤를 따라 한 남학생이 들어왔다.

"만세! 남자다!"

현수가 벌떡 일어나 두 팔을 번쩍 들었다. 나머지 아이들은 발을 구르고 손뼉을 쳤다.

"우리 반 축구팀이 딱 한 명 모자랐거든. 그래서 이 난리란다."

턱쌤의 말에 남자아이가 고개를 끄덕였다. 아이들의 대대적인 환영에 놀라 눈을 크게 떴던 전학생이 살짝 미소를 지었다.

"소개해! 소개해!"

반 아이들이 입을 모아 외쳤다. 전학생이 한 발자국 앞으로 나가 90도 각도로 인사를 했다.

"고마워, 이렇게 열렬히 환영해 줘서. 같은 나이니까 반말해도 되겠지?"

남자 아이가 예의 바르게 말했다.

"고럼, 고럼!"

현수의 말에 전학생이 씩 웃었다.

"내 이름은 송이도. 디자이너 엄마 따라 프랑스에서 학교를 다니다 엄마가 한국으로 오는 바람에 또 따라오게 됐어. 난 거기 더 있고 싶었지만 내 맘대로 할 수 없는 미성년이라서 말이야."

'외국에서 살다 와서 그런지 자유로운 영혼을 가진 것 같아.'

나는 호기심이 일었다. 나뿐 아니라 다른 아이들도 모두 그런 것 같았다. 반 아이들이 이렇게 초 집중하는 모습은 처음 보았다.

"이도가 어디 앉아야 할까? 맨 뒷자리 하나가 비어 있기는 한데."

턱샘의 말이 끝나자 아린이가 손을 번쩍 들었다.

"선생님, 이도는 여기 한국학교가 낯설 테니까 제가 많이

도와주고 싶어요. 그러니까 제 짝꿍이 되는 게 좋겠어요."

"야, 그럼 나는 어떡하고! 너, 설마 짝을 버리겠다는 건 아니겠지?"

현수의 말에 아이들이 까르르 웃었다.

두 아이의 실랑이를 보던 이도가 맨 뒤 빈자리로 성큼성큼 걸어가며 말했다.

"저는 혼자 앉아도 아무 상관 없습니다!"

그런 이도를 아린이가 아쉬운 표정으로 바라보았다.

턱샘이 말하기 듣기 책을 펼치며 말씀하셨다.

"자, 이제 그만 진정하고! 오늘은 지난번에 예고한 대로 꿈에 대해서 발표해 보는 시간을 갖도록 하겠다."

아린이가 가장 먼저 손을 들었다. 칠판 앞으로 나간 아린이가 자신 있게 발표를 했다.

"세계 최고의 마들이 되는 게 제 꿈이고 목표입니다."

아린이의 말에 아이들이 수런거렸다.

"마들? 마들이 뭐야?"

그러자 영서가 답답하다는 듯 가슴을 쿵쿵 쳤다.

"모델이라는 말이야. 모델은 콩글리시고 본토 사람들은 마들이라고 하잖아."

영서의 말에 현수가 큰소리로 말했다.

"누구나 알아듣게 모델이라고 하면 될 걸 굳이 마들이라고 하는 건 무슨 경우?"

아린이는 그런 현수의 말을 무시하고 발표를 이어나갔다.

"그러기 위해서 저는 식단 조절도 하고, 포즈 연습도 합니다."

그러자 또 현수가 나섰다.

"초딩이 벌써부터 식단조절을 한다고? 우리 할머니가 초딩 때 잘 먹어야 키가 큰다고 그랬는데?"

그러자 영서가 말했다.

"그러니까 네 몸이 그렇게 무식한 거지. 먹고 싶은 거 다 먹으면서 유명한 모델이 어떻게 되겠어? 아린이처럼 젓가락 몸매를 가져야 옷태가 나지. 안 그래?"

"맞아, 맞아. 아린이처럼 노력해야 모델이 될 수 있어. 우리 같은 애들은 엄두도 못 내지."

그때 이도가 불쑥 한 마디 던졌다.

"요즘 추세는 젓가락 모델만을 선호하지 않아. 건강한 몸을 가진 모델이 인기가 있어. 우리 엄마도 그런 모델을 선호한다고 했어."

이도의 말에 아린이의 얼굴이 빨개졌다. 이도가 그런 아린이를 보더니 웃으며 말했다.

"내 말은 벌써부터 식단 조절을 할 필요가 없다는 거야. 지금은 잘 먹고 운동해서 건강한 몸을 만드는 게 우선이지."

발표를 마친 아린이는 내내 뽀로통한 얼굴이었다.

영서는 반 아이들 모두의 예상대로 래퍼가 될 거라고 했다. 영서는 교실에서 일어나는 모든 상황을 즉석에서 랩으로 만들어 부르는 재주가 있었다.

현수는 의사가 되고 싶다고 했다.

"의사 되려면 공부 잘해야 하는데 지금 성적으로는 어림도 없어."

아린이가 큰 소리로 말했다. 다른 아이들도 질세라 한마디씩 했다.

"수학도 잘 해야 하는데 너는 지난번 시험에 수학 70점 맞았잖아."

"맞아, 맞아."

그러자 이도가 고개를 갸우뚱하며 말했다.

"이제 겨우 4학년인데 의사가 될 수 없다고 단정 지을 수 없지! 그건 꿈을 싹둑 자르는 행동이라고 생각해."

"와, 송이도 멋있다. 너는 나의 친구!"

현수가 이도에게 달려가 악수를 청했다. 이도는 얼떨결에 현수의 손을 맞잡았다.

이도의 꿈은 디자이너가 되는 것이라고 했다.

"나는 건강한 옷을 만들고 싶어."

"건강한 옷? 옷이 어떻게 건강하다는 거지?"

아이들이 고개를 갸우뚱하자, 이도가 미소를 띠며 대답했다.

"지구에 해를 끼치지 않는 옷을 만들겠다는 뜻이야."

"그게 뭔 개뼈다귀 같은 소리여? 그 말도 영 못 알아듣겠구먼."

할머니 흉내를 내며 현수가 말했다. 현수 할머니는 교문 앞에 서 계실 때가 많은데 가장 잘 쓰시는 말이 그 말이다. 현수는 기분이 좋을 때면 흥분해서 할머니 흉내를 내곤 한다.

"송이도! 현수가 하는 말은 귀담아듣지 않아도 돼. 그냥 자기 할머니 성대 모사한 거야."

보다 못한 반장 이우주가 한 마디 했다.

"그려그려. 이 할미가 하는 말은 그냥 흘려 넘겨."

현수의 성대모사에 이번에는 이도도 웃었다.

"송이도가 만든 옷을 이아린이 입으면 되겠다. 아무래도 너희 둘은 천생연분인 것 같아."

영서의 말이 마음에 들었는지 아린이가 그제야 찡그린 얼굴을 폈다. 나는 그런 둘의 모습을 보며 입을 삐죽이다 턱쌤과 눈이 딱 마주쳤다. 턱쌤이 나를 보고 눈을 찡긋했다.

"이번 차례는 홍유리! 홍유리의 꿈은 무엇일까?"

나는 살짝 당황했지만 차분하게 발표를 했다.

"저는 아직도 제 꿈이 뭔지 잘 모르겠습니다. 어렸을 때부터 항상 꿈은 있었던 것 같은데 제가 가장 하고 싶은 것을 아직 발견하지 못했어요."

입꼬리가 살짝 올라가는 아린이의 표정이 보였다. '그러면 그렇지 뭐. 네까짓 게.' 하는 표정이었다. 하지만 교실 안의 많은 아이들은 내 말에 공감을 했는지 고개를 끄덕였다. 턱쌤도 내 발표에 힘을 실어주셨다.

"꿈이 변한다고 해서 또는 꿈을 못 찾았다고 해서 이상하거나 잘못된 일은 아니란다. 유리는 지금 꿈을 찾아가는 중인 거니까."

턱샘이 교실을 쭉 한 바퀴 쭉 둘러보다가 다온이에게 시선을 멈췄다.

"이제 마지막으로 구다온 발표해 보자."

다온이가 칠판 앞으로 나갔다.

"저는 버려진 물건에 생명을 불어넣는 일을 하고 싶습니다."

"쳇! 그게 무슨 직업이야? 버려진 물건에 어떻게 생명을 불어넣는다는 거야?"

아린이가 한마디 했다. 다온이는 아린이의 말에 당황하지 않고 자분자분 자기 할 말을 했다.

"제 말을 들으면서 어떤 일인지 추리해 보시기 바랍니다. 이 일은 제가 가장 잘 하는 일이며 앞으로도 계속하고 싶은 일이기도 합니다. 또 이 일은 사람에게도 유용하지만 지구에게도 유용한 일이지요."

아이들이 아리송한 표정을 지었다. 몇몇 아이들은 투덜댔다.

"뭐야? 구다온! 지금이 무슨 퀴즈 푸는 시간인 줄 알아?"

"아!"

이도가 뭔가 깨달았다는 듯 외쳤다. 그리곤 큰 소리로 말했다.

"네가 하려는 일과 내가 하려는 일에는 공통점이 있어."

다온이가 살짝 미소를 지었다.

"내가 만들려고 하는 건강한 옷은 지구를 위한 것이거든. 구다온이 하고 싶어 하는 일도 지구를 위한 일이고."

"뭔 개뼈다귀 같은 소리야? 알아듣게 이야기를 혀 봐"

현수가 또 할머니 성대모사를 했다.

"그러니까 구다온, 너는 업싸이클링 공예가가 되겠다는 애기지? 그렇지?"

이도의 눈이 반짝였다.

"업싸이클링이 뭐야?"

아이들이 서로 쳐다보며 고개를 갸우뚱했다.

"맞아. 정확해. 내 꿈은 업싸이클링 공예가가 되는 거야."

그러면서 다온이는 자신의 꿈에 대해 발표를 이어나갔다.

"저는 업싸이클링 공예에 관심이 많습니다. 옷을 예로 들어 보자면 청바지로는 가방, 마우스패드를 만들 수 있고, 셔츠로는 에코백, 짧은 치마로는 가방, 보조가방, 전대 등을 만들 수 있습니다."

다온이의 이야기가 끝나자 아린이가 빈정거리듯 말했다.

"그러니까 헌 물건을 모아 새로운 제품을 만든다는 건데, 뭐 하러 힘들게 그래?"

"그리고 그런 걸 누가 산다고! 이왕이면 새 거 사지, 헌 거 고친 걸 왜 사지?"

혜수와 영서의 말에 몇몇 아이들이 고개를 끄덕였다.

그때 수업 끝나는 종소리가 울려 퍼졌다. 그와 동시에 송이도가 또 벌떡 일어났다.

"구다온, 네 꿈을 응원해."

다온이의 얼굴이 빨개졌다. 그걸 보는 아린이의 얼굴도 붉으락푸르락 색깔이 변했다. 나는 두 아이의 얼굴색을 보면서 속으로 킥킥 웃었다. 다온이의 얼굴은 '부끄러워서' 아니면 '감동받아서'일 것이고, 아린이의 얼굴은 '열 받아서' 아니면 '화나서'일 것이다.

쉬는 시간 화장실에 갔을 때 나는 본의 아니게 아린이 패거리들이 하는 말을 엿듣게 되었다.

"뭐라고? 꿈을 응원한다고! 언제 봤다고 응원한다는 거야? 그깟 구질구질한 꿈을!"

문틈으로 살짝 밖을 살펴보았다. 금방이라도 울음이 터질

것 같은 아린이 얼굴이 보였다.

"송이도, 걔 취향이 독특한 거 아냐?"

영서의 말에 혜수가 맞장구를 쳤다.

"그러게! 어떻게 구다온 편을 드냐?"

아린이 패거리들이 나가자, 나는 화장실에서 나와 거울 앞에 섰다.

"푸하하하하! 고소하다!"

이런 내 모습이 마음에 들지는 않지만 어쩔 수 없다. 아린이가 울상 짓는 얼굴을 본 것만으로도 깨소금 맛이다.

빈티지 체육복

그 후로 아린이는 노골적으로 다온이를 배제했다. 다른 아이들은 잘 모르겠지만 내 눈에는 그게 보였다. 놀이를 할 때 끼어주지 않았고, 피구 시합을 할 때는 의도적으로 다온이를 집중해서 공격하곤 했다.

"오늘은 두 편으로 나누어 돼지 씨름을 해보도록 하겠다. 이 씨름은 개인 경기인 듯 보이지만, 실은 협동이 중요하다는 것 잊지 않도록."

턱샘 말씀에 따라 편을 가르고 남녀 따로 하기로 했다. 남자아이들이 먼저 주장을 뽑고 주장들끼리 가위바위보를 해서 자기 팀이 될 아이를 선택했다. 여자아이들의 주장은 체육을 잘 하는 슬기와 부반장 보영이가 되었다. 가위바위보를 해서 이긴 보영이는 아린이를 자기 팀으로 뽑았고, 슬기는 나를 뽑았다. 보영이는 계속 영서와 혜수를 뽑았고, 슬기는 다온이와 예나를 뽑았다. 그러니까 아린이와 옷잘아클럽 아이들은 자신들이 원하는 대로 같은 팀이 되었고, 슬기 팀은 나와 다온이 그리고 얌전한 예나 등이 되었다.

"야호! 우리가 이길 거야. 우리는 단결이 잘 되잖아."

아린이는 자기 편 아이들과 하이파이브를 하고 난리가 났다. 슬기는 팀 아이들을 모아놓고 작전을 짰다.

"이건 힘도 필요하고 협동도 필요한 게임이야. 우선 약한 아이들을 원 밖으로 밀쳐내고 센 아이들은 협공으로."

남자아이들의 치열한 돼지 씨름이 끝나고 드디어 여자 차례가 되었다. 둥그런 원 안에 여자아이들 12명이 모두 들어가 무릎을 세우고 쭈그리고 앉았다.

"손을 쓰면 안 되고 오로지 몸으로 밀어내야 합니다."

나는 죽을 둥 살 둥 열심히 했지만 부반장 보영이에게 원 밖으로 밀려났다. 이제 남은 아이들은 4명이다. 슬기랑 영서랑 붙고, 다온이랑 아린이가 붙었다. 다온이는 어깨로 아린이를 계속 밀어냈다.

"구다온, 파이팅! 균형 잡고 밀어내!"

내 응원에 다온이가 힘을 얻었는지 아린이를 원 밖으로 밀어냈다. 그런데 원 밖으로 밀려날 때 아린이가 다온이 체육복을 잡아당겼다. 찌익! 소리와 동시에 아린이가 원 밖으로 밀려났다.

"어? 체육복 찢어졌다!"

두 사람의 경기를 지켜보고 있던 아이들이 크게 외쳤다. 치열했던 돼지 씨름은 우리 팀의 승리로 끝났고, 다온이의 체육복은 무릎이 다 보일 정도로 구멍이 났다.

"밀려나면서 체육복을 잡아당기는 사람이 어디 있어? 비겁하게."

내 말에 아린이가 화를 내며 말했다.

"얼마나 체육복이 낡았으면 그냥 살짝 잡았는데 그렇게 찢어지냐고? 그게 어떻게 내 탓이냐고!"

"그래도 미안하다고 해야 하는 것 아닌가?"

슬기의 말에 이번에는 부반장 보영이가 나섰다.

"너무 낡아서 찢어진 거잖아. 아린이가 잡아당기지 않았어도 어차피 찢어질 체육복이었어!"

돼지 씨름이 끝나자 말싸움이 시작되었다.

"그건 보영이 말이 맞아. 언니에게 물려받은 체육복이라서 낡기는 했어."

다온이의 말에 나는 입을 쩍 벌렸다. 눈치 없는 구다온! 마음이 넓은 건지 생각이 모자란 건지. 이번에는 아린이가 나섰다.

"뭐가 이렇게 말이 많아! 내가 사 주면 될 거 아니야. 그깟 체육복 바지!"

"방귀 뀐 놈이 성낸다더니!"

현수의 말에 아이들이 까르르 웃었다.

"그건 내가 사양할게. 무릎만 구멍 난 건데 새 걸 살 필요는 없잖아."

다온이의 대답에 반 아이들이 고개를 갸우뚱했다. 도저히 이해할 수 없다는 뜻이었다.

집에 가는 길에 나는 다온이를 위로했다.

"분명 니네 엄마가 사주실 거야."

"아니! 엄마가 수선해 줄 거야."

"아무리 그래도 이렇게 구멍이 크게 났는데?"

"우리 내기해 볼까?"

다온이의 말에 나는 자신 있다는 듯 "오케이!" 하고 크게 외쳤다.

"이모네 떡볶이집에서 떡볶이 사주기!"

다음 날, 다온이는 체육복을 입고 등교했다. 다온이의 양 무릎에는 노란 해바라기꽃이 피어 있었다.

"어, 괜찮은데? 예쁘다."

내 말에 아린이와 옷잘아 클럽 아이들이 혀를 쯧쯧 찼다.

"유치원생도 아니고, 커다란 해바라기가 웬 말!"

"나 같으면 창피해서 학교 못 올 거 같아."

"유치하다, 유치해."

아이들 말에 화가 날 법도 한데 다온이는 아무렇지 않은 듯 말했다.

"무릎만 닳은 건데 버리면 안 되지! 이렇게 고쳐서 입으면 되잖아."

"그깟 체육복이 얼마나 한다고 니네 엄마는 궁상을 떠니?"

아린이의 말에 내 얼굴이 화끈 달아올랐다.

"궁상이라니! 옷 수선해 입는 게 무슨 궁상이야?"

그러자 다온이가 침착하게 아린이 말에 대꾸했다.

"충분히 수선해서 입을 수 있는데 새 옷을 사는 건 지구를 힘들게 하는 일이야."

아린이가 어이없다는 듯 웃으며 말했다.

"푸핫! 돈 없어서 체육복 못 샀다고 하면 될 걸, 뭐 지구까지 들먹이니?"

갑자기 속에서 열불이 나서 내가 소리쳤다.

"이아린! 너 말 너무 심하게 하는 거 아냐? 다온이네 집 그렇게 가난하지 않아."

"홍유리, 너 언제부터 구다온네 집 사정까지 훤히 알게 됐니?"

이번에는 영서가 나섰다. 옷잘아 클럽 아이들이 똘똘 뭉쳐 아린이 편을 들었다. 그때 이도가 한 마디 툭 던졌다.

"세상에 딱 하나밖에 없는 체육복이잖아. 가격을 매길 수 없는 빈티지 옷이라고!"

이도의 말에 현수가 고개를 갸웃했다.

"빈티지는 가난한 사람들이 입는 옷 아냐? 한자로 빈(貧)이 가난하다는 뜻이잖아."

이도가 현수를 쳐다보면서 집게손가락을 입에다 댔다. 조용히 하라는 뜻이었다.

"우리들이 입은 체육복은 가게에서 산 똑같은 옷이어서 가치가 없지만, 다온이가 입은 체육복은 이 세상에 단 하나밖에 없는 체육복이잖아. 그러니 빈티지 체육복이지."

반 아이들이 맞는 말이라면서 손뼉을 짝짝 쳤다.

드디어 아이들이 고대하던 체육시간이 되었다. 이번 시간에는 힘겨루기 활동의 하나인 손바닥 싸움을 했다. 힘 조절을 잘 못한 아이들은 앞으로 고꾸라졌다. 모래장이긴 해도 아이들의 곡소리가 끊이지 않았다.

"아고고고, 이러다가 도가니 나가겄다."

현수의 할머니 성대모사에 아이들이 한바탕 웃었다.

"그래서 힘 조절과 균형이 중요한 거란다."

턱샘이 아이들의 손바닥 씨름을 지켜보며 말씀하셨다. 다온이는 앞으로 고꾸라질 때마다 푹신한 해바라기꽃이 무릎을 받쳐 주어 별로 아파하지 않았다. 나의 손바닥 싸움 상대는 아린이었다. 나는 보란 듯이 아린이를 손바닥으로 밀쳐냈다. 아린이는 마치 지푸라기 인형이 쓰러지듯 풀썩 나가떨어졌다. 몇몇 아이들이 킥킥 웃었다.

"야, 너희들 내가 쓰러졌는데 왜 웃어? 남은 아파죽겠는데."

아린이가 씩씩대며 말하자, 현수가 말했다.

"야, 이아린! 건강한 모델이 되려면 앞으로 근력 좀 키워야겠어."

아린이가 분하다는 듯 현수에게 주먹질을 해댔다.

나는 체육시간 내내 다온이 체육복 무릎에 있는 해바라기꽃을 바라보았다. 솔직히 처음엔 나도 촌스럽다고 생각했는데 보면 볼수록 예뻤다.

'나도 다온이 엄마께 저렇게 해 달라고 부탁해야지. 근데 해바라기꽃 말고 어떤 꽃이 좋을까?'

고쳐입다연구소

잘잘잘잘.

다온이네 집에 들어서자 못 들어본 소리가 들렸다. 안방에서 나는 소리였다.

"무슨 소리지?"

"재봉틀 돌아가는 소리야. 엄마! 나 왔어. 유리도 같이 왔어."

재봉틀 소리에 묻혀 다온이 엄마는 아무 소리도 못 들었는지 기척이 없었다. 안방 문 옆에 못 보던 나무가 비스듬히 놓여 있었다. 나는 가까이 다가가 나무에 쓰인 글씨를 읽었다.

"고쳐입다연구소?"

내가 고개를 갸우뚱하자, 다온이가

웃으며 말했다.

"엄마의 연구소 이름이야. 대문 옆에 걸어놓을 거래."

"고쳐입다연구소? 처음 들어보는 연구손데."

"엄마가 잘하고 좋아하는 일을 이제 본격적으로 사람들하고 같이 하려나 봐."

재봉틀 소리가 멈추더니 다온이 엄마의 목소리가 들려왔다.

"얘들아, 미안! 바빠서 정신이 없구나."

"엄마, 혹시 유리하고 내가 도와줄 일 있을까?"

다온이의 말에 다온이 엄마가 활짝 웃으며 말씀하셨다.

"있지, 있고말고."

나는 다온이를 따라 안방으로 들어갔다. 옛날 집 안방이어서 그런지 엄청 넓었다.

"엄마가 지금 첫 행사로 의류교환 파티를 기획하고 있거든."

"의류교환 파티?"

나는 한 번도 들어보지 못한 말이었다. 그러자 다온이가 생긋 웃더니 설명해 주었다.

"우리 집 뜰에 사람들이 모여 서로의 옷을 교환하는 행사야. 즐겁게 하자는 의미로 의류교환 파티라고 이름을 붙였대."

"그런 걸 왜 하는데?"

"고쳐입다연구소는 의류교환을 하거나 고쳐 입어서 옷을 버리지 않고 오래 입을 수 있는 친환경 의생활을 사람들과 공유하려는 거야."

"그러면 옷 파는 사람들이 싫어할 텐데?"

내 말에 다온이와 다온이 엄마가 동시에 웃었다.

"그래, 그건 유리 네 말이 맞아. 그래도 어쩔 수 없어. 옳은 일을 하려면 반대도 이겨내야 해."

나는 다온이 엄마의 말씀을 100% 이해하지는 못했지만 분명 좋은 일이라고 믿었다.

"다온이와 유리가 의류교환 파티 포스터를 만들어주면 좋겠어."

나는 고개를 끄덕였다. 그림 그리는 일은 내가 좋아하고 잘하는 일 중의 하나다. 다온이 엄마는 포스터를 그리기 전에 우리가 알아야 할 것들을 얘기해 주셨다.

"우리가 매일 입는 옷이 환경을 파괴한다는 사실을 아니?"

다온이는 고개를 끄덕였지만 나는 고개를 끄덕일 수가 없었다. 옷이 환경을 파괴한다는 말은 처음 들어본 말이었다.

81

"겉으로 보기에 화려하고 멋있는 옷이 사실은 심각한 환경오염의 주범이야. 이해하기 쉽게 예를 들어볼게. 청바지 한 벌을 만드는데 필요한 물은 한 사람이 7년간 쓸 수 있는 양이야."

헉! 나는 깜짝 놀라 입을 쩍 벌렸다. 다온이는 이미 알고 있는 사실인지 별로 놀라지 않았다.

"옷을 세탁할 때 발생하는 미세플라스틱은 바다로 흘러들어가지. 바다 생물들이 이 미세플라스틱을 먹고, 먹이 사슬 제일 위에 있는 인간도 결국 먹게 되는 거지."

이 미세플라스틱에 관한 것은 실과 시간에도 배운 적이 있다. 해양 미세플라스틱의 20~35%가 합성섬유 옷에서 발생한다고 했다. 실감이 나지 않는 이야기여서 그때는 그냥 그런가 보다 했다.

"의류교환 파티는 의류만 교환하는 게 아니라 세탁할 때 발생하는 미세플라스틱을 줄이는 방법, 옷을 오래 입는 노하우, 오래된 옷을 센스 있게 입는 방법 등도 함께 알려줄 거야."

다온이 엄마의 이야기를 듣고 나니 포스터 만들기가 훨씬 쉬워질 듯했다. 나는 다온이와 함께 2층으로 올라갔다.

"여기가 짝언니랑 같이 쓰는 방이야. 큰언니는 방을 혼자

쓰고."

"포스터 만들기 전에 네 옷장 구경부터 하자."

문득 작년에 아린이네 집에 처음 놀러가서 옷장을 구경했던 생각이 떠올랐다. 옷장을 꽉꽉 채우고도 모자라 옷은 행거에도 빈틈없이 걸려 있었다.

"어? 이게 다야?"

다온이 옷장에는 옷이 별로 없었다. 바로 옆에 나란히 있는 짝언니 옷장도 마찬가지였다.

"큰언니 옷장도 이래?"

내 말에 다온이가 큰언니 방 옷장도 구경시켜 주었다.

"큰언니 옷장과 우리 옷장의 다른 점을 찾아봐."

나는 큰언니 옷장을 자세히 살펴보았다. 큰언니 옷장에도 옷이 널찍하게 걸려 있었지만, 단 하나 다른 게 있었다. 큰언니 옷장에는 검은색 유명 메이커 구다롱패가 있었고, 짝언니와 다온이 옷장에는 그게 없었다. 구다롱패는 구스다운롱패딩을 말하는 것이다.

"너, 이거 진짜 없어?"

"응."

"진짜?"

"그렇다니까!"

"겨울에 추울 텐데?"

"좀 춥지만 그래도 괜찮아. 우리 집은 동물 털을 안 입어. 근데 큰언니는 세뱃돈 털어서 엄마 아빠 몰래 사 온 거야."

다온이 말에 의하면 작년 초겨울 큰언니가 롱패딩을 사 입고 당당히 집으로 들어왔다고 했다. 엄마 아빠는 놀란 표정을 지었지만 아무 말도 하지 않으셨고, 잔소리 꽤나 들을 줄 알았던 큰언니는 허무한 표정을 지으며 두 동생들에게 변명을 늘어 놓았다고 했다. 유행에 뒤처지면 우정에도 적신호가 오고,

큰언니 　　　　　　　　　　　　　나

반 아이들과 공통의 주제가 있어야 잘 어울릴 수 있다고도 했단다.

"너희들 초딩은 중딩의 세계를 이해 못할 거야."

이렇게도 말했다고 한다.

"근데 안 입는 이유가 뭐야?"

내 말에 다온이가 TV 다큐멘터리 얘기를 해주었다. 구스다운 패딩을 만들기 위해 살아 있는 거위의 털을 뽑는 장면을 보았는데 너무 끔찍했다고 했다.

"다른 옷도 있는데 굳이 동물의 털을 빼앗는 이유를 모르겠어. 털을 뽑힌 거위나 오리들은 얼마나 고통스러울까? 털 때

작은언니

문에 목숨을 잃어야 하는 수많은 동물들을 생각하면 그 옷을 도저히 입을 수가 없어. 너무 마음이 아파서."

다온이는 그 후 절대로 동물 털을 입지 않겠다고 결심했다고 한다.

'그렇게 그 결심을 지키고 있다니….'

갑자기 다온이가 위대해 보였다.

"이제 우리 포스터 만들까?"

다온이의 말에 나는 생각해 둔 포스터 문구를 종이에 쓱쓱 적었다.

> 옷장 안을 넉넉하게 비우세요.
>
> 당신의 마음도 넉넉해질 거예요.
>
> 입지 않는 옷들이 옷장 속에서 비명을 지르고 있어요.
>
> 사지 말고 고쳐 입으세요.
>
> 입지 않는 옷을 바꿔 입어요.

내가 쓴 문구를 보고 다온이가 입을 쩍 벌렸다.

"어떻게 이렇게 금방 생각해 냈어? 유리야, 너 천재 같아."

"천재 같다니? 천재한테!"

내 말에 다온이가 손뼉을 짝짝 치며 말했다.

"인정, 인정! 홍유리 천재 맞아. 이렇게 뚝딱 멋진 문구를 생각해 내는 건 천재나 할 수 있는 일이지."

나는 4절 도화지 위아래에 문구를 써놓고 문구에 맞게 그림을 스케치했다. 내가 포스터와 씨름을 하는 동안 다온이는 하얀 에코백에 '고쳐입다연구소'라고 일일이 손으로 수를 놓았다. 의류교환 파티 때 판매할 거라고 했다. 4장 모두 스케치하고 나니 저녁 시간이 되었다.

"포스터 색칠은 주말에 같이 하자."

가방을 메고 있는데 다온이 엄마가 체육복을 내미셨다. 며칠 전에 내가 맡긴 체육복이었다. 체육복 무릎에 탐스러운 장미꽃이 피었다. 입기 아까울 정도로 멋졌다.

손님

나는 다온이네 집에서 자주 시간을 보냈다. 엄마의 꽃 가게가 늦게까지 문을 여는 금요일과 토요일에는 특히 그랬다. 다온이 엄마는 딸이 하나 더 생긴 것 같다며 늘 반갑게 맞아주셨다.

"유리야, 이번 토요일 날 시간 있지?"

다온이의 말에 나는 고개를 끄덕였다.

"그날 우리 집에 특별한 손님이 오신대. 큰언니는 친구와 선약이 있다고 했고, 짝언니는 도서관 봉사 나가야 하는 날이라고 참석할 수 없대. 너, 꼭 와야 해?"

다온이의 초대를 받고 특별한 손님이 누구일까 궁금했다.

토요일 오전, 나는 엄마가 챙겨준 꽃을 들고 다온이네 집에 갔다.

"어머나, 내가 좋아하는 꽃이네. 결혼식 때 이 꽃으로 만든 부케를 들고 식장에 들어갔는데."

다온이 엄마는 하얀색 카라를 보고 수줍게 웃으셨다. 나는 다온이를 도와 식탁보를 깔고, 다온이 엄마가 꺼내주신 꽃병에 꽃을 꽂았다.

"와우! 작품이다. 그냥 아무렇게나 꽂는 것처럼 보였는데 정말 멋스러워."

꽃병에 꽂힌 꽃을 한 번 보고, 나를 한 번 보더니 다온이가 감탄사를 내뱉었다.

"내가 이래 봬도 꽃집 딸이잖아."

내가 겸연쩍게 대답했다.

다온이 엄마는 음식 준비로 바빴다. 다온이 아빠가 능숙한 솜씨로 보조 역할을 하고 있었다.

'우리 아빠도 엄마 일을 잘 도와줬다고 했는데.'

아빠가 교통사고로 돌아가신 지 벌써 10년이 넘었다. 아빠 얼굴은 기억나지 않지만 늘 그립다. 나는 부엌에서 왔다 갔다

하는 다온이 엄마와 아빠를 부러운 듯 쳐다보았다.

그때 띵동~ 벨이 울렸다.

다온이가 달려 나갔다. 나는 그 뒤를 주춤주춤 따라갔다.

"어머! 너는 몇째 딸? 딸이 셋이라고 들었는데."

하이 톤의 여자 목소리가 들렸다.

"아, 안녕하세요? 환영합니다. 저는 막내 다온이에요."

"그럼 이 친구가 둘째인가?"

손님이 다온이 뒤에 멀뚱히 서 있는 나를 가리켰다.

"아, 제 친구예요."

다온이의 말에 나는 말없이 꾸벅 인사를 했다.

"하여튼 내 친구 현경이는 참 다복한 아이야. 난 겨우 아들 하나밖에 없는데."

손님의 말이 끝나자 뒤에 서 있던 남자아이가 조심스럽게 앞으로 나왔다.

"처음 뵙겠습니다. 저는……."

남자아이의 얼굴을 보는 순간 나는 너무 놀라 말까지 더듬었다.

"송, 송, 송이도다!"

다온이도 놀랐는지 두 눈이 휘둥그레졌다.

"앗! 구다온, 홍유리! 너희들을 여기서 만나다니!"

나와 다온이 그리고 송이도는 서로 마주본 채 한동안 말을 못했다.

"엄마가 오늘 꼭 같이 가야한다기에 온 건데 너네 집인 줄 몰랐어."

나는 이도 엄마를 넋이 나간 듯 쳐다보았다. 디자인이 심플한 원피스와 긴 생머리. 화려하게 꾸미지 않았는데도 온몸에서 우아한 분위기가 풍겼다.

"내 친구 김로나! 어서 와!"

"로나 씨, 환영합니다!"

다온이 엄마와 아빠도 달려 나와 손님을 맞이했다. 떠들썩한 인사가 끝나고 모두들 거실에 모여 앉았다. 다온이 엄마가 웰컴 티를 내왔다.

"언니들에게 빨리 알려야 해."

다온이가 황급히 2층으로 올라갔다. 나도 다온이를 따라 2층으로 올라갔다. 다온이는 서둘러 톡 방에 메시지를 남겼다. 큰언니와 짝언니한테서 바로 답이 왔다.

막: 언니들, 오늘 오신 손님 궁금하지 않아?

큰: I도 궁금하지 않아.

짝: 나도.

막: 언니들 빨리 집에 와야겠어.

짝: 이 자식아, 방해하지 마!

막: 믿지 못하겠지만, 패션 디자이너 김로나.

큰 : 뭐, 뭐라고? 그게 진짜야?

짝 : 너 뻥치는 거 아니지?

큰 : 그 사람이 한국에 오다니! 프랑스에서 활동하고 있는 유명 디자이너인데.

짝 : 아냐, 몇 달 전에 귀국했다는 기사 봤어.

큰 : 이런 😨

짝 : 망했다. 😵

막 : 조금 있으면 점심 시작할 거니까 바람처럼 달려와.

큰 : 날아가야지. 쓔웅~

짝 : 미투!

잠시 후, 큰언니와 짝언니가 숨을 헐떡이며 달려왔다.

"아, 너희들! 이현경과 구동기의 창조물이구나. 아름다운 창조물."

이도 엄마의 말에 두 언니들은 아무 말도 하지 못했다. 입을 쩍 벌리고 이도 엄마를 바라보기만 했다.

이도 엄마, 김로나 디자이너는 파리뿐 아니라 전 세계에서 알아주는 디자이너이며 다온이 엄마와 대학동창이라고 했다. 다온이 엄마는 다온이 아빠와 사랑에 빠져 대학을 미처 졸업하기 전에 결혼을 하게 됐고 아이를 낳으면서 꿈을 접었다고 했다.

"이제 음식을 차려볼까?"

다온이 엄마의 말에 나와 다온이, 두 언니들이 부엌으로 달려갔다.

"외할머니, 외할아버지가 시골 가셔서 텅 빈 것 같았는데, 오랜만에 8인용 대형 식탁이 꽉 들어찼네."

다온이가 좋아서 손뼉을 짝짝 쳤다. 이도 엄마는 음식이 놓일 때마다 탄성을 질렀다.

"완전 슬로 푸드네."

"늘 우리 가족이 먹던 음식이야. 입맛에 맞을지 모르겠다."

다온이 엄마는 시골에서 부모님이 농사지어 보내준 식재료를 이용해 음식을 만들었다고 했다. 식탁보를 유심히 보던 이도 엄마가 물었다.

"이 식탁보 정말 멋진데? 완전 빈티지야."

"우리 엄마가 만든 식탁보야. 자투리 천을 이어 붙여 만든 거지."

다온이 엄마가 '엄마'라고 말할 때 그 얼굴이 너무 행복해 보였다. 나도 그럴까? 엄마라는 말은 참 신기한 말이다. 갑자기 늦게까지 일하고 있을 엄마 생각이 났다.

"네 딸들이 입은 옷도 모두 범상치 않아 보여."

그러자 큰언니와 짝언니의 얼굴이 발그레해졌다.

"내가 거의 리폼한 옷이지 뭐. 환경을 위해서 그 정도는 해야 한다고 생각해."

"그래, 네 말이 맞아. 요즘은 옷이 너무 빠르게 나와서 그 옷들이 우리 지구의 목을 조르고 있는 상황이야. 그래서 네가 고쳐입다연구소를 낸 거지?"

이도 엄마가 한쪽 벽에 비스듬히 기대어 있는 작은 현판을 가리켰다.

"응, 준비는 거의 마쳤으니까 본격적으로 시작해야지."

"나도 거들게."

"너 바쁘잖아?"

"좋은 일 하는데 당연히 도와야지."

식사를 마치고 모두 소파에 앉아 이야기를 나눴다.

"내 친구 현경이, 너는 예전이나 지금이나 마술 손을 가졌어. 그건 너의 특별한 재능이야."

다온이 엄마는 수줍은 미소를 지었다.

"너희 집안에 있는 소품, 옷 등 모든 것이 자연주의 패션이야."

"사람들이 유행에 처진다고 할까 봐 걱정이 돼."

다온이 엄마의 말에 이도 엄마가 단호하게 말했다.

"세상은 바뀌고 있어. 이제 사람들은 환경을 생각하는 옷을 원해. 그냥 너만의 스타일대로 가는 거야!"

이도 엄마의 말이 끝나자 세 자매가 외쳤다.

"엄마, 파이팅!"

나와 이도는 찡긋 눈짓을 하고 동시에 외쳤다.

"다온이 엄마, 파이팅!

그러자 다온이 아빠가 질세라 외쳤다.

"사랑하는 나의 아내 이현경, 파이팅입니다!"

행복한 시간이 봄바람처럼 흘러갔다.

집에 돌아갈 시간이 되자. 다온이 엄마는 미리 담아두었던 음식을 싸주셨다.

"유리야, 엄마 갖다 드리렴. 오늘 같은 날 함께 하면 더 좋았을 텐데."

엄마의 꽃집을 향하는 내 온 몸에 따뜻한 온기가 퍼졌다.

이야기를 품은 옷

"너희들 다음 주 토요일에 우리 집 뜰에서 의류교환 파티 열리는데 올래?"

다온이의 말에 현수가 가장 먼저 대답했다.

"가보고 싶기는 해. 근데 뭐 옷을 가져가야 하는 것 아냐?"

"처음이니까 그냥 구경만 해도 돼."

내가 얼른 말했다.

의류교환 파티가 열리는 날까지 나는 거의 매일 다온이네 집에 가서 포스터 마무리 작업을 했다. 다온이는 그새 에코백 스무 장에 수를 놓았다.

"유리야, 근데 너 미술에 소질 있다. 색감이 장난이 아니야."

큰언니의 말에 짝언니도 고개를 끄덕였다.

"포스터가 예술이야."

큰언니와 짝언니가 맡은 일은 홍보였다. 두 언니는 SNS에 의류교환 파티 날짜와 장소, 참석자들이 해야 할 일들을 자세히 올렸다.

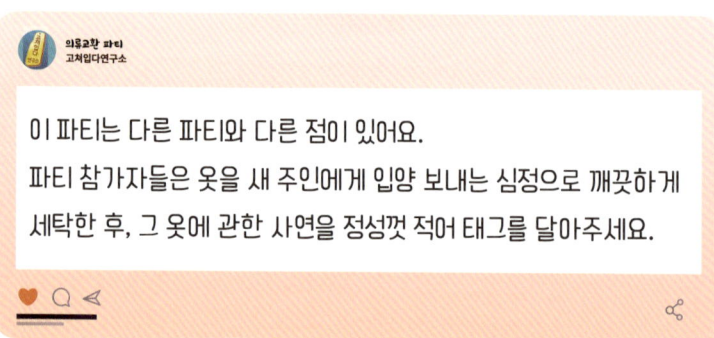

토요일, 의류교환 파티 날이 되었다. 나는 엄마를 졸라 가게 문을 닫고 다온이네 집으로 갔다. 대문을 비롯한 곳곳에 내가 만든 포스터가 붙어 있었다.

"엄마, 이거 내가 만든 포스터야. 문구도 내가 만들었어."

엄마가 놀란 눈으로 포스터를 바라보았다. 내가 만든 포스터가 곳곳에 붙어 있는 모습을 보니 흐뭇했다.

뜰에는 이미 많은 사람들이 와 있었다. 뜰 곳곳에 놓인 행거에는 파티 참가자들이 갖고 온 옷이 걸려 있었다. 다온이와 두 언니들은 이곳저곳 다니면서 사람들을 안내하고 있었다. 행사를 주관한 다온이 엄마가 인사말을 했다.

"고쳐입다연구소에서 진행하는 의류교환 파티에 오신 것을 환영합니다!"

파티에 모인 사람들이 다함께 손뼉을 치면서 파티가 시작되었다. 사람들은 옷을 고르기도 하고, 자기가 갖고 온 옷을 소개하기도 했다.

"엄마, 엄마! 저 빨간 카디건 어때?"

내가 엄마 손을 잡아끌었다. 나는 가장 먼저 카디건에 달려 있는 태그를 살펴보았다. '첫 월급으로 산 옷'이라고 쓰여 있었다. 그러자 그 옷의 주인인 듯한 젊은 여자가 다가왔다.

"마음에 드세요? 그러면 한번 입어 보세요."

엄마가 카디건을 걸치자, 젊은 여자가 활짝 웃으며 말했다.

"잘 어울리시네요. 이 옷을 데려가서 잘 입어주세요."

엄마가 흡족한 미소를 지었다.

"이 옷은 제가 처음으로 가진 직장에서 받은 월급으로 산 옷이에요. 무척 아끼는 옷이기도 하구요. 그런데 보시다시피

살이 좀 쪄서 이제는 입기가 좀 부담스러워졌어요."

젊은 여자가 부끄러운 듯 입을 가리며 웃었다.

"하늘나라에 간 남편이 제가 빨간색 옷을 입었을 때 돋보인다고 했던 기억이 나서요. 데려다 소중히 입겠습니다. 고맙습니다."

엄마가 고개 숙여 인사를 했다. 나도 옆에서 함께 인사를 했다. 우리의 모습을 본 다온이 엄마가 다가왔다.

"유리 엄마, 바쁜데 와주셔서 고마워요."

"별말씀을요. 유리가 다온이네 집에서 살다시피 하는데 제가 그동안 인사도 제대로 못 드렸어요. 고맙습니다."

다온이 엄마는 사람들에게 둘러싸여 행사를 하게 된 이유를 설명했다.

"유럽의 젊은이들에게는 소비를 부끄럽게 여기는 분위기가 있어요. 또 그들은 옷을 바꿔 입거나 고쳐 입은 걸 자랑스레 티 내고 싶어 하지요. 우리도 그랬으면 하는 바람에서 '고쳐입다연구소'를 열게 되었고, 또 이렇게 의류교환 파티도 열게 된 거랍니다."

그때 다온이가 내게 다가와 말했다.

"할머니가 재봉틀 사용법을 가르쳐 주려고 시골에서 올라오셨어."

나는 재봉틀이 놓인 담 쪽 탁자를 바라보았다. 재봉틀을 배우고 싶어 하는 사람들이 다온이 할머니와 이야기를 하고 있었다.

"다음 행사 때는 좀 더 많은 재봉틀을 비치해서 재봉틀 사용법을 알려주려고 계획하고 있어요. 고쳐 입으려면 재봉틀이 참 유용하거든요."

다온이 엄마의 말에 엄마가 고개를 끄덕이며 말했다.

"저도 배우고 싶어요."

나는 다온이와 사람들 사이를 돌아다녔다. 파티에 참가한 사람들의 얼굴이 참 밝았다. 그 사람들은 계속 웃었다. 누군가 자기 옷을 마음에 들어 하면 신나서 그 옷에 대한 사연을 이야기해주고, 반대로 마음에 드는 옷을 찾으면 그 옷에 대한 사연을 신나 하면서 들었다. 그리곤 다온이 엄마에게 너도나도 말했다.

"옷에 대한 사연을 얘기하면서 내가 그 옷을 얼마나 좋아했는지 기억이 떠올라요."

"옷에 대한 사연을 들으니까 이 옷을 소중히 잘 입어야겠다는 생각이 들어요."

"다음에도 꼭 참석하고 싶어요."

그런 모습을 보면서 나는 내 옷장을 떠올렸다. 입지 않고 그냥 걸어놓은 옷들이 왠지 불쌍하다는 생각이 들었다.

'다음에는 나도 옷을 갖고 와야겠어.'

나는 다온이와 함께 에코백을 팔았다. 다온이가 수놓은 에코백은 인기가 좋아 금세 다 팔렸다.

파티가 한창 무르익을 무렵 이도와 현수가 나타났다. 이도와 현수 뒤로 반 아이들 얼굴이 보였다. 슬기의 얼굴도 보였다. 그 뒤로 쭈뼛쭈뼛 걸어오는 보영이와 영서, 혜수의 얼굴이 보였다.

"아린이는? 아린이는 안 왔어?"

내 말에 아이들이 대문 뒤를 가리켰다. 대문 뒤에 아린이가 벌 받는 아이처럼 서 있었다. 나는 얼른 달려가 아린이 손을 잡아끌었다. 아린이가 못 이기는 체 따라왔다.

나비효과

 다온이네 집 뜰에서 열린 '의류교환 파티'는 지역 신문에 '패스트 패션에 제동 거는 시민들과 아이들'이라는 제목으로 기사가 나왔다. 의류교환 파티를 즐기는 사람들의 모습과 에코백을 파는 나와 다온이의 얼굴도 대문짝만하게 실렸다.
 학교에 오니 반 아이들이 난리가 났다.
 "우리들도 그 자리에 있었는데 우리는 신문에 안 나왔어."
 현수가 계속 투덜거렸다. 그러자 다른 아이들이 한마디씩 했다.
 "너, 패스트 패션에 제동 걸었어?"
 현수가 고개를 흔들며 말했다.

"그래서 신문에 안 나왔나? 솔직히 뭔지 모르고 간 건 사실이야."

현수의 말을 받아 영서가 말했다.

"근데 뭔지는 잘 몰라도 좋은 일이 벌어지고 있다는 건 알겠더라."

아이들이 왁자지껄 이야기를 나누고 있는 걸 조용히 듣고 있던 턱샘이 드디어 입을 여셨다.

"우리 인간에게 소중한 세 가지가 있으니 바로 의식주다. 보름 후에 옷과 관련한 발표를 해 보자. 그 다음에는 식에 대해서, 또 그 다음은 주에 대해서."

턱샘의 말씀이 끝나자 아이들이 아우성을 쳤다.

그동안 반에서 옷과 관련된 여러 가지 사건이 있을 때마다 턱샘은 모르는 척 했다. 그러다 이렇게 뒤통수를 치다니! 하긴 그게 바로 턱샘의 수법이라고 했다. 턱샘은 다온이 짝언니의 5학년 때 담임이었다. 짝언니가 그랬다. 턱샘은 아이들 사이에서 일어나는 모든 사건을 조용히 지켜보고 있다가 어느 날 갑자기 조사를 시켜 발표를 하게 한다고. 짝언니 말에 의하면 아이들 스스로 정리하고 깨닫고 판단하게 하는 턱샘의 교육방법이라고 했다. 나는 그런 턱샘을 존경스러운 눈빛으로 바라보았다.

"홍유리, 오늘은 또 무슨 딴 생각이지?"

아, 나 참! 턱샘은 다 좋은데 이럴 때 보면 정말 눈치코치 없는 사람 같아 보인다. 담임 샘을 존경의 눈빛으로 쳐다보는 것도 못 알아보고 말이야. 다른 때 같으면 찔려서 그런다는 둥 어쩌구저쩌구 하면서 참견했을 영서가 조용하다.

"무엇이든 좋으니 너희들 마음대로 조사해 보렴, 발표는 보름 후 창의적 체험활동 시간에 하도록 하겠다."

처음엔 아우성이었던 아이들은 왠지 조용히 생각에 잠겨있다. 다온이네 집 뜰에서 열린 의류교환 파티에 참석했던 아이들이 특히 그랬다.

나는 다온이와 함께 발표하기로 하고 열심히 준비했다. 턱샘이 혼자 조사해도 좋고, 둘 셋이 힘을 합쳐 조사하여 발표해도 된다고 했다. 나는 지난번 의류교환 파티 때 만든 포스터도 활용할 생각이다.

드디어 발표할 날이 되었다. 창의적 체험활동은 두 시간 연속이라서 발표할 시간은 충분했다.

이도는 '나비효과'라는 제목으로 발표를 했다.

"나비효과는 어떤 일이 시작될 때 있었던 아주 작은 변화가 결과에서는 매우 큰 차이를 만들 수 있다는 이론입니다."

이도는 PPT 자료 화면을 대형 TV에 띄우며 발표를 해나갔다.

"지금부터 우리가 사서 입는 옷들의 날갯짓이 지구에 어떤 태풍을 불러일으킬 수 있는지 패션의 나비 효과에 대해 알아보도록 하겠습니다."

이도 말에 의하면 주문하면 바로 먹을 수 있는 패스트 푸드처럼, 패스트 패션은 최신 유행의 옷을 다양하고 값싸게 만들어 내기 때문에 그런 이름이 붙었다고 했다.

"2주마다 신상 제품을 찍어내고 있는 회사도 있어요. 어떤 회사는 하루에 7,000종에서 3,500종의 신상을 찍어내고 있습니다. 이런 추세라면 1년 동안 신상이 197만 종이 된다는 소리죠. 이렇게 엄청나게 만들어 낼 수 있는 이유는 뭐라고 생각

하시나요?"

그러자 누군가가 대답했다.

"기계로 찍어내니까 그런 거 아닌가요?"

"물론 기계로 찍어내기는 하죠. 하지만 제 질문의 정답은 바로 저렴한 합성섬유입니다. 합성섬유는 석유나 석탄에서 추출한 성분을 활용해서 만든 섬유로 나일론, 폴리에스테르, 아크릴 등이 있는데, 이 제품은 제조 과정에서 화석연료를 많이 쓰지요. 이때 발생한 탄소 배출량은 어마어마합니다. 약 1억 4,900만 대의 자가용이 연간 배출해 내는 탄소량과 같은 수준입니다.

버려진 의류 폐기물 중에 중고로 팔리는 옷은 10% 정도이고 나머지는 매립되거나 소각되고, 때로는 해외 개발도상국으로 수출합니다. 어찌 보면 개발도상국들은 선진국들의 헌 옷 매립지 역할을 하고 있는 거죠. 그렇게 매립되거나 소각되는 옷들로 인하여 환경오염이 일어나는 것입니다. 지구는 지금 심한 몸살을 앓고 있는데 옷도 한몫을 하고 있는 셈이죠.

싸다고, 입고 싶다고 마구잡이로 사는 옷이 실은 지구를 멍들게 하고 있다는 사실을 아셔야 합니다. 내가 산 옷 하나로 지구가 몸살을 앓고 있다는 사실을 생각해 본다면 그렇게 쉽게 옷을 사지는 않을 겁니다."

이도의 발표가 계속되는 동안 아이들의 얼굴이 점점 심각해졌다. 길게 발표를 하면 지루하다고, 빨리 끝내라고 야유를 던지던 아이들도 이번에는 조용했다.

나는 다온이와 함께 '동물과 지구에게 미안하다면'이라는 제목으로 발표를 했다.

현수는 '패스트 패션의 나쁜 점과 슬로 패션의 좋은 점'에 대해 발표를 했다. 천천히 사서 오래 입는 '슬로 패션, 슬로 쇼핑'이 필요하다는 것과 그렇지 않으면 언젠가 의류 쓰레기가 지구를 뒤덮을 것이라는 무서운 경고의 메시지가 담겨 있었다.

영서는 '나는 슬로 패션을 응원한다!'라는 랩을 만들어 발표했다.

사람들은 뭐든지 빨리빨리를 외치지.
그래서 우리가 얻는 이득은 무엇이지?
천천히 사서 오래오래 입으면 뭐가 좋지?
사람도 웃고 동물도 웃고 지구도 웃겠지.

마지막으로 아린이가 '그림자 공장'에 대해서 발표를 했다.

"저는 솔직히 그런 것들에 대해 잘 몰랐습니다. 관심도 없었고. 옷을 잘 차려입고 예쁘게 입으면 사람들이 다 바라보고 사랑해줄 거라고 생각했지요. 그래서 아무 생각 없이 많은 옷을 가지고 있었고, 또 아무 생각 없이 버리곤 했어요. 그러다 저는 엄청난 사실을 알게 되었습니다. 그건 바로 방글라데시 그림자 공장입니다."

아린이는 잠시 숨을 고르더니 발표를 이어갔다.

"유명한 의류 회사가 그 많은 옷들을 짧은 시간 안에 만들 수 있는 건 바로 이 그림자 공장 때문입니다. 불법으로 만들어진 공장이라 사람들은 그림자 공장이라고 부르지요. 여기 공장에서는 열둘, 열네 살 아이들이 옷을 만든다고 합니다. 이 아이들은 학교에도 안 가고 공장에서 우리가 입을 옷을 만들고 있었습니다."

아린이가 발표를 마치면서 눈물을 똑 떨어뜨렸다. 다온이가 그런 아린이에게 손수건을 내밀었다. 아린이가 손수건을 받아 눈물을 닦으며 말했다.

"관심을 조금 가지니까 조금씩 보이더라구요. 내가 하는 행동들이 얼마나 무책임한 일인지 알게 되었습니다."

모든 발표가 끝나자 아이들이 자유롭게 하고 싶은 말을 했다.

"우리가 할 수 있는 일이 별로 없다고 생각했는데 찾아보니까 의외로 많더라."

"그래 맞아. 우리 같은 어린이들도 생활 속에서 실천할 수 있는 일이 많아."

"앞으로는 옷을 소중히 여기고, 오래오래 이야기를 품는 옷이 될 수 있도록 입어야겠어."

그때 내가 얼른 나섰다.

"우리 2학기에는 의류교환 파티하는 것 어때?"

"좋아, 좋아."

반 아이들이 찬성의 뜻으로 손뼉을 치고 발을 굴렀다.

"근데 그 아이디어는 다온이 엄마의 아이디언데 우리가 써도 괜찮을까?"

현수의 말에 다온이가 웃으며 말했다.

"좋은 생각, 좋은 일이니까 엄마도 적극 찬성하고 지원해 주실 거야."

나는 다온이를 한 번 쳐다보고, 아린이를 한 번 쳐다보고,

이도를 한 번 쳐다보고 그리고 마지막으로 우리 반 친구들을 둘러보았다. 2학기에 있을 의류교환 파티가 기다려졌다.

내일을여는어린이 시리즈는 주제 의식이 담긴 동화만을 엄선해 펴냅니다. 의미와 재미가 담긴 동화를 보며, 아이들이 사고력을 키우고 편견과 이기심에서 벗어나 바른 사람으로 자라나기를 바랍니다.

01 보신탕집 물결이의 비밀
개고기 먹어도 될까? 안 될까?
강다민 글 | 수리 그림 | 146쪽 | 11,000원
아침독서 추천도서

02 핵발전소의 비밀 문과 물결이
상상초월 핵발전소 이야기
강다민 글 | 강다민·조덕환 그림 | 126쪽 | 11,000원
세종도서 문학나눔 선정도서 / 아침독서 추천도서

03 행복을 파는 행운 시장
두 동네 아이들이 만들어 가는 아름다운 행복!
안민호 글 | 박민희 그림 | 132쪽 | 11,000원
우수출판콘텐츠 선정도서 / 아침독서 추천도서

04 땅에 사는 아이들
내가 사는 이 땅의 주인은 누구일까?
정혜언 글 | 지혜라 그림 | 164쪽 | 11,000원
아침독서 추천도서 / 출판저널 이달의책 선정도서
학교도서관사서협의회 추천도서

05 사라진 슬기와 꿀벌 도시
자연과 인간의 평화로운 공존을 꿈꿔요!
임어진 글 | 박묘광 그림 | 160쪽 | 11,000원
출판콘텐츠 창작지원사업 선정작 / 아침독서 추천도서
읽어주기 좋은 책 선정도서 / 한국학교사서협회 추천도서
학교도서관사서협의회 추천도서

06 동물원 친구들이 이상해
생명의 소중함과 자유와 행복의 의미를 생각해 봐요!
고수산나 글 | 정용환 그림 | 184쪽 | 11,000원
출판저널 이달의 책 선정도서 / 아침독서 추천도서
한국학교사서협회 추천도서
학교도서관사서협의회 추천도서

07 돼지는 잘못이 없어요
인간을 위해 다른 동물의 생명을 빼앗아도 되나요?
박상재 글 | 고담 그림 | 148쪽 | 11,000원
환경부 '2018년 우수환경도서' / 전국사서협회 추천도서
한국학교사서협회 추천도서 / 한국글짓기지도회 추천도서

08 개성공단 아름다운 약속
남북이 함께 만들어 간 평화의 상징.
개성공단으로 어린이 체험단이 떴다!
함영연 글 | 양정아 그림 | 134쪽 | 11,000원
한국문화예술위원회 문학 나눔 선정도서 / 아침독서 추천도서
한국학교사서협회 추천도서 / 한국글짓기지도회 추천도서

09 죽을 똥 살 똥
똥이 밥이 되고 밥이 똥이 되면 우리도 살고 자연도 살아요!
안선모 글 | 안성하 그림 | 160쪽 | 11,000원
한국학교사서협회 추천도서

10 우리들끼리 해결하면 안 될까요
친구와 다툼이 일어났을 때, 어떻게 해야 할까?
박신식 글 | 김진희 그림 | 137쪽 | 11,000원
소년한국 우수 어린이 도서 / 한국학교사서협회 추천도서
한국글짓기지도회 추천도서 / 북토큰 선정도서

11 백 년 전에 시작된 비밀
친일파, 독립운동가, 재일조선인 후손들의 우정과 역사 이야기
강다민 글·그림 | 136쪽 | 11,000원
한국문화예술위원회 문학 나눔 선정도서
읽어주기 좋은 책 선정도서 / 고래가숨쉬는도서관 추천도서
한국학교사서협회 추천도서 / 학교도서관사서협의회 추천도서

12 3·1운동, 그 가족에게 생긴 일
평범한 소녀 우경이네 가족의 삶을 바꾼 만세운동
고수산나 글 | 나수은 그림 | 133쪽 | 11,000원
고래가숨쉬는도서관 추천도서 / 한국학교사서협회 추천도서
학교도서관사서협의회 추천도서

13 나를 쫓는 천 개의 눈
CCTV와 휴대폰 카메라, 드론은 안전을 위한 것일까,
감시와 통제를 위한 것일까?
서석영 글 | 주성지 그림 | 129쪽 | 11,000원
소년한국 우수 어린이 도서 / 한국학교사서협회 추천도서
부산광역시교육청 공공도서관 추천도서
학교도서관사서협의회 추천도서

14 나와라, 봉벤져스!
마음이 움직이는 진짜 봉사와 상을 타기 위한 가짜 봉사
김윤경 글 | 김진희 그림 | 138쪽 | 11,000원
아침독서 추천도서 / 학교도서관사서협의회 추천도서
한국학교사서협회 추천도서

15 가짜 뉴스를 시작하겠습니다
가짜뉴스는 어떻게 만들어지며 퍼지고,
어떤 결과를 가지고 오게 될까?
김경옥 글 | 주성희 그림 | 140쪽 | 11,000원

세종도서 교양부분 선정도서 / 아침독서 추천도서
고래가숨쉬는도서관 추천도서 / 한국학교사서협회 추천도서
학교도서관사서협의회 추천도서 / 북토큰 선정도서

16 아홉 살 독립군, 뽀족산 금순이
실화를 바탕으로 한 만주 지역 어린이 독립군 이야기
함영연 글 | 최현지 그림 | 132쪽 | 11,000원

한국문화예술위원회 문학 나눔 선정도서
한국학교사서협회 추천도서 / 학교도서관사서협의회 추천도서
책씨앗 좋은책고르기 초등교과연계 추천도서

17 내 말 한마디
무심코 던지는 내 말은 어떤 힘이 있고 어떤 영향을 미칠까?
김경란 글 | 양정아 그림 | 132쪽 | 11,000원

한우리 열린교육 추천도서 / 소년한국 우수 어린이 도서
고래가 숨쉬는도서관 추천도서 / 경기도사서서평단 추천도서
책씨앗 좋은책고르기 초등교과연계 추천도서
학교도서관사서협의회 추천도서 / 한국학교사서협회 추천도서

18 소녀 애희, 세상에 맞서다
굳은 신념을 위해 세상과 맞선 진정한 삶의 가치에 대한 고민
장세련 글 | 이정민 그림 | 137쪽 | 11,000원

한국학교사서협회 추천도서 / 학교도서관사서협의회 추천도서

19 석수장이의 마지막 고인돌
개인의 욕심을 채우려는 권력과 그 권력에 희생된 개인의 선택
함영연 글 | 주유진 그림 | 152쪽 | 12,000원

우수출판콘텐츠 선정도서 / 고래가숨쉬는도서관 추천도서
읽어주기 좋은 책 선정도서 / 한국학교사협회 추천도서
학교도서관사서협의회 추천도서 / 한국아동문학상 수상W

20 당신의 기억을 팔겠습니까?
인권과 자본, 민영화의 그늘을 알려 주는 동화
강다민 글 | 최도은 그림 | 144쪽 | 12,000원

출판콘텐츠 창작 지원 사업 선정도서 / 읽어주기 좋은 책 선정도서
책씨앗 좋은책고르기 초등교과연계 추천도서
학교도서관사서협의회 추천도서 / 한국학교사서협회 추천도서

21 파랑 여자 분홍 남자
나다움을 찾는 길, 성인지 감수성
김경옥 글 | 홍찬주 그림 | 144쪽 | 11,000원

책씨앗 좋은책고르기 초등교과연계 추천도서

22 여우가 된 날
붉은 여우와 사람이 함께 평화롭게 사는 세상을 위하여
신은영 글 | 채복기 그림 | 128쪽 | 12,000원

한국문화예술위원회 문학 나눔 선정도서
책씨앗 좋은책고르기 초등교과연계 추천도서

23 기후 악당
우리가 기후 악당 이라고?
박수현 글 | 박지애 그림 | 136쪽 | 12,000원

책씨앗 좋은책고르기 초등교과연계 추천도서

24 그건 장난이 아니라 혐오야!
이 세상에 당해도 되는 사람은 없어! 혐오는 나빠!
박혜숙 글 | 홍찬주 그림 | 144쪽 | 12,000원

한국학교사서협회 추천도서 / 소년한국 우수 어린이 도서

25 함경북도 만세 소녀 동풍신
함경북도 만세 소녀 동풍신,
꺾이지 않는 의지로 일제와 맞서다
함영연글 | 홍지혜그림 | 96쪽 | 12,000원

한국학교사서협회 추천도서

26 나만 없는 우리나라
나라를 버린 게 아니라 선택하는 사람, 난민
곽지현 · 최민혜 · 유미글 | 김연정그림 | 169쪽 | 12,000원

소년한국일보 표지디자인특별상 / 한국학교사서협회추천도서

27 가만두지 않을 거야!
"잡히면 죽여 버린다고!" 왜 부들이는 자꾸만 화가 날까?
윤일호 글 | 정지윤 그림 | 141쪽 | 12,000원

한국학교사서협회 추천도서

28 양심을 팔아요
양심이 있어야 사람다운 사람이지
신은영 글 | 조히 그림 | 108쪽 | 12,000원

한국학교사서협회 추천도서

29 돌고래 라라를 부탁해
돌고래 라라와 미지의 교감 속에서 드러나는 돌고래의 진실
유지영 글 | 한수언 그림 | 136쪽 | 12,000원

한국글짓기지도회 추천도서

30 내 동생들 어때?
우리는 진짜 동물들의 생명을 소중하게 여기고 있을까?

정진 글 | 최현지 그림 | 140쪽 | 12,000원

한국글짓기지도회 추천도서
책씨앗 좋은책고르기 초등교과연계 추천도서

31 악플 숲을 탈출하라!
악플러, 익명의 인터넷 공간에 숨어
다른 사람을 괴롭히는 괴물, 나는 자유로울까?

신은영 글 | 김연정 그림 | 112쪽 | 12,000원

한국학교사서협회 추천도서 / 소년한국 우수 어린이 도서
행복한 아침독서 추천도서 / 읽어주기 좋은 책 선정도서
한국글짓기지도회 추천도서

32 일본군'위안부' 하늘 나비 할머니
전쟁 없는 평화로운 우리의 미래를 함께 만들어요!

함영연 글 | 장경혜 그림 | 104쪽 | 12,000원

소년한국 우수 어린이 도서 / 한국학교사서협회 추천도서
행복한 아침독서 추천도서
책씨앗 좋은책고르기 초등교과연계 추천도서

33 진짜 뉴스를 찾아라!
마대기와 이꽃비의 불꽃 튀는 뉴스 전쟁!

김경옥 글 | 주성희 그림 | 148쪽 | 12,000원

중소출판사 출판콘텐츠 선정도서 / 한국학교사서협회 추천도서
고래가 숨쉬는 도서관 추천도서
책씨앗 좋은책고르기 초등교과연계 추천도서
방정환 문학상 수상도서 / 행복한 아침독서 추천도서

34 내가 글자 바보라고?
난독증인 종이접기 천재

공윤경 글 | 김연정 그림 | 149쪽 | 13,000원

한국학교사서협회 추천도서
책씨앗 좋은책고르기 초등교과연계 추천도서

35 표절이 취미
다른 사람의 창작물을 베끼려 한 탐희의 이야기

신은영 글 | 홍찬주 그림 | 108쪽 | 13,000원

한국학교사서협회 추천도서
책씨앗 좋은책고르기 초등교과연계 추천도서
소년한국 우수 어린이 도서 / 고래가 숨쉬는 도서관 추천도서
행복한 아침독서 추천도서 / 책씨앗 초등 교과연계 추천 도서

36 내 친구는 내가 고를래
난 내가 좋아하는 친구랑 놀고 싶어

신미애 글 | 임나운 그림 | 148쪽 | 14,000원

37 상처사진기 '나혼네컷'
내 상처를 곰곰이 들여다보는 공간

박현아 글 | 김승혜 그림 | 112쪽 | 13,000원

소년한국우수어린이도서 / 한국학교사서협회 추천도서
책씨앗 초등 교과연계 추천 도서

38 온라인 그루밍이 시작되었습니다
온라인 그루밍의 덫에 빠지기 쉬운 아이들에게
지금 우리가 들려주어야 할 이야기

신은영 글 | 손수정 그림 | 140쪽 | 14,000원

고래가숨쉬는 도서관 추천 도서 / 책씨앗 초등 교과 연계 추천 도서

39 환경돌과 탄소 제로의 꿈을
많은 생명과 함께 평화롭게 사는 우리의 미래를 위해
우리가 할 수 있는 것은 무엇일까?

최진우 글 | 서미경 그림 | 132쪽 | 14,000원

읽어주기좋은 책선정도서 / 한국학교사서협회 추천도서

40 게임 체인저 : 기본소득
"기본소득이 우리 고민을 풀어 줄 열쇠라고요?"

이선배 글 | 맹하나 그림 | 218쪽 | 15,000원